C.H.BECK WISSEN

in der Beck'schen Reihe

Rund eine Milliarde Menschen – etwa ein Fünftel der Erdbevölkerung – bekennt sich zum Islam; fast drei Millionen Muslime leben in Deutschland. Der Islam ist allerdings kein uniformes Gebilde. Im Laufe seiner langen Geschichte hat er eine große Vielfalt von religiösen Richtungen, kultischen Praktiken und regionalen Sonderformen entwickelt. Der vorliegende Band schildert in knapper Zusammenfassung die grundlegenden historischen Entwicklungen des Islam, erklärt die zentralen Begriffe seiner Lehre und zeigt, wie der Islam der Gegenwart im Alltag funktioniert.

Heinz Halm ist Professor für islamische Geschichte an der Universität Tübingen. Von ihm ist im Verlag C.H.Beck erschienen: *Das Reich des Mahdi. Der Aufstieg der Fatimiden. 875–973* (1991).

Heinz Halm

DER ISLAM

Geschichte und Gegenwart

Verlag C.H.Beck

1. Auflage 2000
2. Auflage 2001
3. Auflage 2001

4. Auflage. 2002
Originalausgabe

Gesamtherstellung: Druckerei C. H. Beck, Nördlingen
Umschlagentwurf: Uwe Göbel, München
Printed in Germany
ISBN 3 406 44745 7

www.beck.de

Inhalt

I. Teil
Die historischen Grundlagen des Islam

Islam und Muslime

Etwa 1,2 Milliarden Muslime leben zu Beginn des dritten Jahrtausends auf der Erde; das ist ein Fünftel der Menschheit.

Von seinem Ursprungsgebiet auf der Arabischen Halbinsel hat der Islam sich über ganz Vorder- und Zentralasien, den Indischen Subkontinent und Südostasien bis zu den Philippinen ausgebreitet; die Ostküste Afrikas und der ganze Norden des Kontinents nördlich und südlich der Sahara sind islamisch; in Europa hat die Herrschaft der türkischen Osmanen auf dem Balkan islamische Bevölkerungsinseln (Europäische Türkei, Bosnien, Albanien und Kosovo) hinterlassen. Seit dem 19. Jahrhundert hat sich durch Auswanderer und Arbeitsmigranten eine islamische Diaspora in der ganzen Welt, vor allem in Westeuropa und Nordamerika, gebildet.

Die Staaten mit der größten muslimischen Bevölkerung sind Indonesien (175 Mio.), Pakistan (130 Mio.), Bangla Desch (110 Mio.) und Indien (105 Mio.); die Sowjetunion rangierte bis zu ihrem Zerfall mit ihren mittelasiatischen und Kaukasus-Republiken an fünfter Stelle. Dann folgen die drei nahöstlichen Staaten, die jeweils etwas über 60 Millionen Einwohner haben: die Türkei, Iran und Ägypten.

Was die Muslime verbindet, ist der Glaube an einen Gott und an dessen Offenbarung durch einen Propheten, Mohammed (*Muḥammad*); diese Offenbarung ist in einem Buch niedergelegt, dem Koran (*Qur'ān*). Somit läßt sich definieren: Muslim ist, wer den Koran als Offenbarung des einen, einzigen Gottes anerkennt.

Die Begriffe *Islam* und *Muslim* leiten sich beide von dem arabischen Verbum *aslama* „übergeben, sich ergeben, sich hingeben" ab; *Islām* ist das Verbalnomen (oder der substantivierte Infinitiv) dazu: das Sich-Ergeben; *Muslim* ist das Partizip: der sich Ergebende. Im Koran heißt es:

„Wer sich Gott ergibt (*aslama*) und dabei rechtschaffen ist, dem steht bei seinem Herrn ein Lohn zu.“ (2, 112)

„Euer Gott ist ein einziger Gott. Ihm müßt ihr euch ergeben.“ (22, 34)

„Gott bezeugt, daß es keinen Gott gibt außer ihm ... Als Religion gilt bei Gott die Ergebung (*al-islām*).“ (3, 18f.)[1]

Muslime (*muslimūn*) und Musliminnen (*muslimāt*) werden an zahlreichen Stellen des Koran angesprochen. Im Deutschen hat sich die ursprüngliche arabische Form *Muslim* (mit dem Plural *Muslime* und dem Feminin *Muslimin/nen*) inzwischen eingebürgert und die persische Aussprache *Moslem* verdrängt; ganz obsolet ist die ebenfalls auf das Persische (*mosalmānī*) zurückgehende Bezeichnung *Muselmanen*. Auf die Fremdbezeichnung *Mohammedaner* reagieren Muslime mit Recht ablehnend: Muslime beten zu Gott, nicht zu Mohammed.

Monotheismus (*tauḥīd*)

In dem oben angeführten Koranvers 22, 34 – „Euer Gott ist ein einziger Gott. Ihm müßt ihr euch ergeben“ – ist das Hauptdogma des Islam formuliert: der Glaube, daß es nur einen Gott gibt, der der Schöpfer des Universums ist. Die drittletzte Sure des Korans (112) faßt die Botschaft des Islam in vier Versen zusammen; dort redet Gott seinen Propheten an:

„Sag: Er ist Gott, ein Einziger, Gott durch und durch. Er hat weder gezeugt, noch ist er gezeugt worden. Und keiner ist ihm ebenbürtig.“

Auch das islamische Glaubensbekenntnis beginnt mit der Erklärung: „Ich bezeuge, daß es keine Gottheit (*ilāh*) außer Gott (*Allāh*) gibt.“ Diese grundlegende Glaubensgewißheit wird arabisch *tauḥīd* genannt; es ist das Verbalnomen (oder der substantivierte Infinitiv) des Verbums *waḥḥada* „für eins er-

[1] Die Koranzitate folgen der Übersetzung von Rudi Paret.

klären", abgeleitet von dem Nomen *wāḥid* „einer, ein einziger". Das zugehörige Partizip *muwaḥḥid* „für einzig erklärend" kann daher für jeden verwendet werden, der nur an einen Gott glaubt, für den Monotheisten. Im Laufe der Geschichte des Islam sind häufig Erneuerungsbewegungen aufgetreten, die ihren strengen Monotheismus dadurch zu betonen suchten, daß sie sich „Für-Einzig-Erklärer" (Plural: *muwaḥḥidūn*) nannten, z.B. die im 12. Jahrhundert über Marokko und Andalusien herrschenden Almohaden (das spanische *almohades* ist eine Verballhornung von *al-muwaḥḥidūn*).

Der Ein-Gott-Glaube des Islam stand in unvereinbarem Gegensatz zum altarabischen Polytheismus, in dem Mohammed selbst aufgewachsen war; die Namen von Göttern wie Hubal, Manāf, Wadd, Suwāʿ, Yaʿūq, oder von Göttinnen wie Allāt, Manāt und al-ʿUzzā werden uns von frühen arabischen Autoren überliefert und kommen zum Teil auch im Koran vor (53, 19; 71, 23). Der Stadtgott von Mekka, Hubal, dessen Idol in einem würfelförmigen Gebäude (*Kaʿba*) verehrt wurde, hieß in vorislamischer Zeit auch einfach *Allāh* (kontrahiert aus *al-ilāh* „der Gott"). Die altarabischen Götter und Göttinnen wurden in Form von Statuen, aber auch als einfache Steinsäulen oder Bäume in heiligen Hainen verehrt; ihr Kult war oft mit blutigen Opfern und periodischen Wallfahrten verbunden.

Gegen diesen Polytheismus richtet sich die Verkündigung des Islam in erster Linie. Der Polytheismus, arabisch *širk*, „Beigesellung", ist die schlimmste Form von Unglaube (*kufr*); der „Beigeseller" (*mušrik*) ist der Ungläubige (*kāfir*) schlechthin, während der „Für-Einen-Erklärer" (*muwaḥḥid*) der wahre Gläubige (*mu'min*) ist. Mit den im Koran erwähnten Ungläubigen sind denn auch durchweg die altarabischen Heiden, vor allem Mohammeds polytheistische Landsleute in Mekka, gemeint. Die Zeit vor der Verkündigung des Islam wird allgemein als Zeit der „Unwissenheit" (*ǧāhilīya*) bezeichnet; der Begriff entspricht etwa unserem „Heidentum".

Das arabische Wort für Gott, *Allāh* (Betonung auf der zweiten Silbe), ist kein Eigenname (wie Zeus oder Jupiter), sondern die kontrahierte Form des Appellativs *al-ilāh* „der Gott"; *Allāh* sollte daher auch im Deutschen korrekt mit „Gott" übersetzt werden, so wie ja auch *Dieu* oder *God* nicht als Eigennamen benutzt werden. Die islamische Tradition schreibt Gott außerdem eine ganze Reihe von „schönen Namen" zu, traditionell neunundneuzig, während sein hundertster Name den Menschen unbekannt ist. Aus diesen arabischen Namen, wie *al-Qādir* (der Allmächtige), *al-Wahhāb* (der reichlich Schenkende) oder *al-ʿAzīz* (der Majestätische), können durch Zusammensetzung mit dem Wort *ʿabd* (Sklave, Diener, Knecht) männliche Vornamen gebildet werden: ʿAbdallāh (Knecht Gottes), ʿAbdalqādir (Knecht des Allmächtigen) usw.

Prophetie (*nubūwa*)

Ein wesentliches Kennzeichen des Islams ist seine Stiftung durch einen Propheten. Das arabische Wort *nabī* ist das gleiche wie das hebräische Wort für Prophet, *nebī*, und tatsächlich sah sich Mohammed in einer ähnlichen Mission von Gott gesandt wie die Propheten des Alten Testaments, die er wohl nicht aus dem Text, sondern nur aus den Erzählungen von Juden kannte. Als Propheten erscheinen im Koran aber nicht die kanonischen „großen" und „kleinen" Propheten des Alten Testaments (Jesaias, Jeremias usw.), sondern Adam (*Ādam)* und Noah (*Nūḥ*), die Erzväter Abraham (*Ibrāhīm*), Isaak (*Isḥāq*) und Jakob (*Yaʿqūb*), Josef (*Yūsuf*) und seine Brüder, Moses (*Mūsā*) und Aaron (*Hārūn*), Elias (*Ilyās*) und die Könige David (*Dāwūd*) und Salomon (*Sulaimān*), Esra (*ʿUzair*) und Jesus (*ʿĪsā*); ferner zwei in grauer Vorzeit an die Araber gesandte Propheten namens Hūd und Ṣāliḥ; von den „kleinen" Propheten spielt nur Jonas (*Yūnus*) im Koran eine Rolle.

Die Sendung dieser Propheten hat stets denselben Zweck: sie sollen den Menschen, die immer wieder dem Götzendienst verfallen, den wahren, einen Gott und dessen Gesetz verkünden; sie treten als Warner vor dem Jüngsten Gericht auf, doch immer ernten sie von den Meisten nur Unglauben und Spott (Koran 7, 59ff.)

Die früheren Propheten haben also alle dieselbe Botschaft gebracht; die von ihnen gegründeten Gemeinden waren (und sind) daher Gläubige (*mu'minūn*). Das gilt insbesondere für Juden und Christen. Allerdings haben diese manches an dem ihnen geoffenbarten Gesetz geändert, wie Gott in Koran 57, 26f. ausführt:

> Und wir haben doch Noah und Abraham gesandt und in ihrer Nachkommenschaft die Prophetie und die Schrift (heimisch) gemacht. Etliche von ihnen waren rechtgeleitet. Aber viele von ihnen waren Frevler. Hierauf ließen wir hinter ihnen her unsere (weiteren) Gesandten folgen. Und wir ließen Jesus, den Sohn der Maria, folgen, und gaben ihm das Evangelium, und wir ließen im Herzen derer, die sich ihm anschlossen, Milde Platz greifen, Barmherzigkeit und Mönchtum; (letzteres) brachten sie (von sich aus) auf. Wir haben es ihnen nicht vorgeschrieben. (Sie haben es) vielmehr im Streben nach Gottes Wohlgefallen (auf sich genommen); doch hielten sie es nicht richtig ein. Und wir gaben denjenigen von ihnen, die glaubten, ihren Lohn. Aber viele von ihnen waren Frevler!

Unter den Verfälschungen der früheren Botschaften wird besonders die Vergöttlichung von Propheten gerügt:

> Die Juden sagen: „Esra ist der Sohn Gottes“. Und die Christen sagen: „Der Messias (*al-Masīḥ*) ist der Sohn Gottes“. Das sagen sie nur so obenhin. Sie tun es denen gleich, die früher ungläubig waren. Gott bekämpfe sie! Wie können sie nur so verschroben sein! Sie haben sich ihre Gelehrten und Mönche sowie den Messias, den Sohn der Maria, an Gottes Statt zu Herzen genommen. Dabei ist ihnen nichts anderes befohlen worden, als einem einzigen Gott zu dienen, außer dem es keinen Gott gibt. Gepriesen sei er! (Er ist erhaben) über das, was sie ihm beigesellen. (9, 30f.)

Ungeachtet der Verfälschungen ihrer ursprünglichen Botschaft durch manche ihrer Anhänger werden die früheren Propheten von den Muslimen geachtet und verehrt; der fromme Muslim fügt ihrem Namen stets die Formel „Heil ihm!" (*'alaihi s-salām*) hinzu. Die von ihnen gegründeten Gemeinden mit ihren Gesetzen und Institutionen sind zu respektieren; aus diesem Grundsatz entwickelt sich später, zur Zeit der arabischen Eroberungen, das Rechtsinstitut der Schutzbürgerschaft (*ḏimma*; s.u. S. 28). Mohammed selbst hat nach der Inbesitznahme von Mekka das Beispiel dafür gegeben, indem er den Kult bei der Ka'ba und dem Schwarzen Stein und die übrigen mit der Pilgerfahrt verbundenden Rituale in den Islam integriert hat, da der Prophet Abraham, zusammen mit seinem Sohn Ismael, die Ka'ba erbaut und die Riten gestiftet habe (Koran 2, 126f.).

Die Berufung Mohammeds zum Propheten wird nicht im Koran berichtet, sondern in einer Überlieferung, die auf seine Witwe 'Ā'iša zurückgeführt wird und sich erst in späteren Texten – in der Prophetenbiographie des Ibn Isḥāq und in der Traditionssammlung des Buḫārī – findet. Danach seien Mohammed zunächst Traumgesichte, dann, bei seinen Meditationen in der Einsamkeit des Berges Ḥirā', Erscheinungen des Engels Gabriel (*Ǧibrīl*) zuteilgeworden, der ihm die Worte Gottes (in der Ich-Form) übermittelt habe. Über einen Zeitraum von gut zwanzig Jahren – von etwa 610 bis zu seinem Tod im Jahre 632 – hat Mohammed die ihm zuteilgewordenen Eingebungen durch mündlichen Vortrag an seine Zeitgenossen weitergegeben; erst nach seinem Tod wurden sie in Buchform gesammelt.

Daß Mohammed sich als Gesandter Gottes (*rasūl Allāh*) in der Nachfolge der früher gesandten Propheten sah, ist im Koran vielfach belegt; mehrfach wenden sich Koranverse gegen den Verdacht, er sei ein Dichter oder Wahrsager oder gar von einem Dämon besessen. Dabei scheint er seine Sendung zunächst als allein an die Araber gerichtet aufgefaßt zu haben; inwieweit er im Laufe der Zeit ein universales Sendungsbewußtsein ausgebildet hat, ist umstritten.

Für die Muslime ist Mohammed aber nicht nur ein Prophet in einer langen Reihe von Propheten, sondern er ist der letzte, das „Siegel der Propheten“ (*ḫātam an-nabīyīn*), der die Sendungen der früheren Propheten nicht nur bekräftigt, sondern sie auch abschließt; nach islamischer Auffassung wird es bis zum Jüngsten Tag keine weiteren Offenbarungen Gottes mehr geben. Daher werden aus dem Islam hervorgegangene Glaubensrichtungen, die den Anspruch erheben, auf einer erneuerten oder erweiterten Offenbarung zu beruhen (wie etwa die Aḥmadīya-Sekte oder der Baha'ismus), von den Muslimen als nichtislamisch verworfen.

Der Koran (*al-Qur'ān*)

> Dies sind die Zeichen der deutlichen Schrift. Wir haben sie als einen arabischen Koran hinabgesandt. Vielleicht würdet ihr verständig sein. Wir geben dir dadurch, daß wir dir diesen Koran eingegeben haben, den besten Bericht. Du hattest vordem keine Ahnung davon.

Mit diesen Worten redet Gott seinen Propheten am Anfang der Josefs-Sure (12, 1–3) an. Das Wort *qur'ān*, abgeleitet vom Verbum *qara'a* „laut lesen, vorlesen, rezitieren“, kann mit „Rezitation“ übersetzt werden. Obwohl von einer „deutlichen Schrift“ die Rede ist, die herabgesandt wird, ist die Offenbarung nach islamischer Tradition doch ausschließlich mündlich erfolgt: vom Engel Gabriel an den Propheten und von diesem an seine Zuhörer. Hinter diesen Worten steht aber offenbar die auch den Juden und Christen geläufige Vorstellung von einer Heiligen Schrift, und zwar einer, die sich bei Gott befindet und nun Stück um Stück offenbart wird; Koran 43, 3 erwähnt ausdrücklich diese „Urschrift“ (*umm al-kitāb*, wörtlich: Mutter des Buches). Die Vermutung, daß auch Mohammed vorhatte, die ihm übermittelten Offenbarungen zu einem Buch zusammenzustellen, liegt nahe; sein plötzlicher Tod scheint das verhindert zu haben.

Nach islamischer Tradition war es erst Mohammeds dritter Nachfolger, der Kalif ʿUṯmān (644–656), der die Sammlung der bisher verstreuten Aufzeichnungen der Offenbarungstexte vollendete; dabei soll ihm Mohammeds Sekretär Zaid ibn Ṯābit geholfen haben. Je ein Exemplar des nun für verbindlich erklärten Textes wurde in die Zentren der arabischen Herrschaft geschickt: neben Medina also nach Mekka, Damaskus und in die arabischen Metropolen des Irak, Basra und Kufa. Diese Überlieferung wird auch von der modernen kritischen Wissenschaft durchweg akzeptiert; vereinzelt geäußerte Zweifel an der Authentizität des Korans haben sich nicht durchgesetzt.

Wenn die Sammlung und Anordnung auch sekundär ist, so dürfen die gesammelten Texte doch als authentisch gelten, auch wenn eine ganze Reihe unterschiedlicher Lesarten einzelner Wörter, die auf verschiedene regionale Überlieferungen zurückgehen, noch heute bekannt sind. Der Koran ist damit das einzige Dokument, das mit einiger Sicherheit als aus der Zeit Mohammeds selbst stammend gelten kann, da die Biographie des Propheten erst einhundertfünfzig Jahre nach seinem Tode verfaßt wurde und die Echtheit der zahllosen überlieferten Prophetenaussprüche (*ḥadīṯ*) umstritten ist.

Die von den Redaktoren vorgenommene Anordnung der 114 Abschnitte oder Suren (*sūra*) des Koran folgt einem einfachen Prinzip: dem der Länge. Sure 2 ist mit 286 Versen die längste, die Suren 108 und 110 sind mit je drei Versen die kürzesten. Der Sure 2 geht ein kurzes Gebet voran, das von den Muslimen bei vielen Gelegenheiten rezitiert wird und das als erste Sure zählt; es heißt „die Eröffnende“ (*al-fātiḥa*). Die Anordnung der Suren folgt also weder der chronologischen Reihenfolge ihrer Offenbarung noch ergibt sie einen fortlaufenden, zusammenhängenden Text. Jede Sure ist für sich zu betrachten, wobei gelegentliche Brüche im Text erkennen lassen, daß auch einzelne Suren wieder aus verschiedenen Texten zusammengesetzt sind. Die islamische Tradition ist sich dessen wohl bewußt; sie unterscheidet die einzelnen Suren nach dem Ort und der Zeit ihres „Herabstiegs“ (*nuzūl*) und überliefert auch die Umstände und Anlässe, die zur Offenbarung der einzelnen Suren oder auch kleinerer Abschnitte, ja sogar einzelner Verse, geführt haben sollen, als die „Anlässe des

Herabstiegs" (*asbāb an-nuzūl*). Die Grobeinteilung unterscheidet so zwischen mekkanischen Suren, die vor der Hiǧra (s.u. S. 18ff.), und medinensischen Suren, die nach diesem Ereignis – also in der Zeit von 622 bis 632 – geoffenbart worden sein sollen. Die moderne Forschung folgt der islamischen Tradition in wesentlichen Zügen; es hat verschiedene Versuche gegeben, die zeitliche Reihenfolge der Offenbarung der einzelnen Abschnitte noch präziser zu bestimmen, mit unterschiedlichen Ergebnissen. Deutlich ist der Unterschied von Diktion, Sprachrhythmus und Inhalt zwischen den frühesten, in Mekka erfolgten Offenbarungen mit ihren kurzen, schwungvollen, durch Reimwörter stark rhythmisierten Suren, die oft vom drohenden Jüngsten Gericht handeln, und den längeren, prosaischeren medinensischen Abschnitten, in denen häufig detaillierte kultische oder rechtliche Vorschriften, etwa über die Erbteilung, ausgebreitet werden und die deutlich auf die Erfordernisse des in Medina entstehenden Gemeinwesens antworten, das nach der Kleinarbeit des Gesetzgebers und Organisators verlangte.

Die frühe Redaktion des Korans hat zu einer weitgehend einheitlichen Überlieferung des Textes geführt (von abweichenden Lesarten war schon die Rede); alle Muslime, gleich welchen Bekenntnisses oder welcher Sekte, haben also einen im wesentlichen übereinstimmenden Korantext. Fast alle heute erscheinenden Drucke des Korans folgen der Standardversion, die 1923 auf Veranlassung des ägyptischen Königs Fu'ād von Gelehrten der Azhar-Universität in Kairo veröffentlicht wurde, und zwar aufgrund der irakischen Textüberlieferung von Kufa; nur im Maghreb ist noch die geringfügig abweichende Lesetraditon von Medina im Gebrauch. Auch die Zählung der Verse folgt heute der Kairoer Standardversion. (In der älteren Literatur wird meist nach der abweichenden Verszählung der Koranausgabe von Gustav Flügel, Leipzig 1834, zitiert; die moderne, philologisch fundierte deutsche Übersetzung von Rudi Paret, Stuttgart 1962, gibt beide Zählungen an.)

Für den Muslim enthält der Koran Gottes unmittelbares Wort; Gott redet stets in der ersten Person – im Pluralis majestatis –, wobei er sich entweder an den Propheten oder direkt an die Gläubigen wendet:

> Wir haben dich gesandt, damit du Zeuge seiest, und als Verkünder froher Botschaft und als Warner, damit ihr an Gott und seinen Gesandten glaubt, ihm helft, ihn hochachtet und ihn morgens und abends preist. Diejenigen, die dir huldigen, huldigen Gott. (48, 8–10)

Der Koran ist zwar ein „arabischer Koran" (12, 2), aber seine Sprache, die deutliche Unterschiede zur arabischen Hoch- und Literatursprache, der *ʿArabīya*, aufweist, gilt als besondere Sprache Gottes. Auch wird die kunstvolle sprachliche Form als eine Art Beglaubigungswunder des Propheten aufgefaßt: dieser hatte sich dem Vorwurf seiner Gegner ausgesetzt gesehen, er selbst habe als „Dichter" den Koran verfaßt; als Gegenargument wird die Einmaligkeit und Unnachahmlichkeit (*iʿǧāz*) des Koran angeführt als untrügliches Zeichen seiner übermenschlichen Herkunft.

Das Wort *Qur'ān* bedeutet, wie eingangs gesagt, „Rezitation", und in der Tat wird der Text meist laut rezitiert; manche professionelle Rezitatoren, die den Text in gesangsartiger Weise vortragen, sind als Künstler hochgeschätzt. Die Gliederung des Textes durch Reimwörter macht nicht nur den Vortrag effektvoller, sondern erleichtert auch das Auswendiglernen; Muslime, die den ganzen Koran auswendig können, sind nicht selten; sie tragen die ehrenvolle Bezeichnung *ḥāfiẓ* (Hüter, Bewahrer, Auswendigwisser); meist haben sie mit dem Lernen schon im Kindesalter begonnen.

Der Koran kann in gültiger Form nur in arabischer Sprache rezitiert werden; Übersetzungen in andere Sprachen haben daher für den Muslim nur den Charakter von Hilfsmitteln oder „Kommentaren". Die Muslime außerhalb des arabischen Sprachbereichs benutzen heute meist zweisprachige Ausgaben; für die deutschen Muslime erfüllt diese Aufgabe die im Umkreis der Münchner Moschee entstandene kommentierte Ausgabe *Die Bedeutung des Korans* (5 Bände, München 1997).

Eine detailliertere Einführung in den Koran gibt Hartmut Bobzin in dem Band *Der Koran* in der Reihe *C. H. Beck Wissen*.

Die Biographie (*sīra*) des Propheten

Die älteste Biographie des Propheten Mohammed stammt von Muḥammad ibn Isḥāq, der 704 in Medina geboren wurde, später zeitweilig in Ägypten und dann im Irak lebte und zu einem unbestimmten Zeitpunkt – wohl um 767 – in Bagdad starb. Sein Werk ist nur in der Bearbeitung eines späteren Autors, des Ibn Hišām aus Basra (gestorben 830 in Ägypten) überliefert.

Die Lebensdaten Ibn Isḥāqs zeigen, daß er seine Kenntnisse aus einer mündlichen Überlieferung geschöpft und zusammengetragen haben muß, die bereits längere Zeit existierte. Wir kennen die Einzelheiten des Lebens Mohammeds also nur in der Form, in der sie über hundert Jahre nach seinem Tode in Umlauf waren. Das einzige Dokument, das bis auf die Lebenszeit des Propheten selbst zurückgeht, der Koran, spielt zwar gelegentlich auf bestimmte Ereignisse und Situationen an, doch werden diese wiederum meist nur durch die Heranziehung der Prophetenbiographie verständlich. Außerarabische – etwa syrisch-aramäische oder griechische – zeitgenössische Zeugnisse für das Leben Mohammeds gibt es nicht.

Unsere Kenntnis seiner Vita stützt sich also ausschließlich auf sehr viel spätere, arabisch-islamische Werke; neben der *Sīra* des Ibn Isḥāq sind das vor allem die *Maġāzī* („Feldzüge" des Propheten) des Bagdader Richters al-Wāqidī (747–823). Dessen Sekretär, Ibn Saʿd (784–845), verfaßte die *Ṭabaqāt* (etwa: „Generationen"), in denen sich – neben einer Biographie des Propheten – kürzere oder längere Biogramme von dessen Gefährten sowie von deren Schülern und Schülersschülern finden. Dazu kommen die umfangreichen Sammlungen von Aussprüchen des Propheten, die im 9. Jahrhundert kompiliert wurden und von denen noch die Rede sein wird.

Trotz der späten Entstehungszeit dieser Werke wird das darin gesammelte, viele Bände umfassende Überlieferungsmaterial von den meisten modernen Historikern als Quelle ernstgenommen, auch wenn bei seiner Verwendung die nötige methodische Vorsicht zu walten hat. Vereinzelte Versuche westlicher Forscher, die gesamte frühislamische Tradition als pure Fiktion abzutun, haben sich – ähnlich wie in der Frage der Authentizität des Korans – nicht durchgesetzt. Ganze Legionen von Fälschern hätten jahrzehntelang am Werk sein müssen, um all das, was uns aus dem ersten Jahrhundert des Islam überliefert ist, zu erfinden und systematisch zu verbreiten – eine absurde Vorstellung! Nicht nur ist eine mündliche Tradition über zwei oder drei Generationen durchaus vorstellbar; neuere Forschungen haben auch gezeigt, daß die Verschriftlichung der islamischen Überlieferung viel weiter zurückreicht, als früher angenommen.

Die Aussiedlung (*hiğra*)

Die Stadt Mekka wurde von einem einzigen arabischen Stamm, Quraiš, dominiert, dessen Angehörige das Gros ihrer Bevölkerung ausmachten. Der Stamm lebte im wesentlichen vom Karawanenfernhandel mit Syrien im Norden und dem Jemen im Süden; Mekka war seit alters eine Station auf der Fernhandelsstraße, die den Indischen Ozean mit dem Mittelmeer verband und nach dem hauptsächlich über sie transportierten Handelsartikel die Weihrauchstraße genannt wird.

Der Ausgangspunkt des Islam ist also ein prosperierendes städtisches Zentrum; der Islam ist keine Religion der Wüste, sondern eine Religion der Städte; auch seine späteren Ausprägungen hat er immer in den Städten gefunden: Basra und Kufa, Damaskus und Bagdad, Kairuan und Cordoba, Buchara und Samarkand. Neben dem Fernhandel brachten die Pilger, die die Kaʿba und die übrigen, Mekka benachbarten heidnischen Heiligtümer besuchten, den Quraiš beträchtliche Einnahmen. Der Stamm Quraiš setzte sich aus einem guten Dutzend von Clans zusammen, von denen der Mohammeds, der Clan Hāšim, zu den weniger bedeutenden zählte; die Nachkommen Mohammeds werden noch heute als *Banū Hāšim*,

„Söhne Hāšims" (Haschimiten) bezeichnet. Eine Ältestenversammlung (*mala'*) regelte die das Gemeinwesen betreffenden Fragen. Die führende Rolle spielte der Clan ʿAbd Šams, dessen Wortführer zu den erbittertsten Gegnern Mohammds zählten; ironischerweise wird später eben dieser Clan – mit der Familie Umayya – die Macht in dem neuen islamischen Gemeinwesen an sich reißen und die Angehörigen des Propheten verdrängen.

Mohammed, um 570 geboren und früh verwaist, wuchs unter der Obhut seines Großvaters und dann seines Onkels Abū Ṭālib auf und gewann mit etwa fünfundzwanzig Jahren durch seine Heirat mit der älteren Kaufmannswitwe Ḫadīǧa eine gesellschaftliche Position und finanzielle Unabhängigkeit. Um 610 ist seine Berufung als Prophet anzusetzen; seine Botschaft von dem einen Gott und dem angekündigten Jüngsten Gericht scheint er zunächst nur unter seinen nächsten Angehörigen verbreitet zu haben; seine Frau und sein Vetter ʿAlī, der Sohn Abū Ṭālibs, zählen zu den frühesten Anhängern des Islam. Auch nachdem der Prophet mit seiner Botschaft an die Öffentlichkeit getreten war, blieb sein Anhang begrenzt und hatte unter Verdächtigungen und Pressionen durch die führenden Clans zu leiden. Als Ḫadīǧa und Abū Ṭālib 619 starben, wurde die Position des Propheten prekär; nach längeren Verhandlungen brachte er ein Abkommen mit Vertretern zweier Stämme aus dem 350 km nordwestlich von Mekka gelegenen Yaṯrib (Medina) zustande, das es ihm und seinen Anhängern erlaubte, dorthin überzusiedeln. In kleinen Gruppen begaben sich die mekkanischen Muslime nacheinander nach Yaṯrib; am 24. September 622 trafen als letzte Mohammed selber und sein Freund Abū Bakr (vom Clan Taim) dort ein.

Die Aussiedelung (*hiǧra*) des Propheten und seines Anhangs nach Yaṯrib, das später den Namen *Madīnat an-Nabī* (die Stadt des Propheten) oder kurz al-Madīna (Medina) erhielt, markiert einen Wendepunkt in der Geschichte der neuen Religion; nicht ohne Grund hat Mohammeds zweiter Nachfolger, der Kalif ʿUmar, später das Jahr der Hiǧra zum Jahr 1 einer neuen Ära erklärt, mit der der islamische Kalender noch heute rechnet. Die beiden heidnischen Stämme von Yaṯrib – die drei übrigen hatten den jüdischen Glauben angenommen – wählten sich den Propheten als Schiedsrichter in ihren inneren Konflikten und als Oberherrn und gewannen mit Hilfe von dessen zugewandertem Anhang die Herrschaft über das aus mehreren dörflichen Siedlungen bestehende Gebiet der Oase von Yaṯrib.

Die Gemeinde (*umma*)

Mit der Hiǧra beginnt jener zehnjährige Zeitraum (622–632), in dem der Prophet Mohammed die Grundlagen eines islamischen Gemeinwesens schuf. Seinen Kern bildeten die mit dem Propheten aus Mekka gekommenen „Auswanderer" (*muhāǧirūn*) sowie ihre Gastgeber in Medina, die „Helfer" (*anṣār*). Erstere gehörten überwiegend – wie der Prophet selber – dem mekkanischen Stamm Quraiš an, letztere den beiden Stämmen Aus und Ḫazraǧ. Zwar sollte entsprechend dem egalitären Anspruch des Islam kein Muslim vor dem anderen den Vorzug haben, doch stellte sich bald – vor allem nach dem Tod des Propheten – heraus, daß die „Auswanderer" auch in Medina das Heft in der Hand hatten und behielten; mit der Gründung der Gemeinde in Medina taten die Quraiš, die schon Mekkas Nachbarstadt aṭ-Ṭā'if unter ihre Herrschaft gebracht hatten, einen weiteren Schritt der Ausdehnung ihrer Macht über Mekka hinaus. Die Entstehung der islamischen Urgemeinde ist Teil eines historischen Vorganges, der sich als Prozeß einer arabischen Staatsbildung beschreiben läßt.

In diesem Jahrzehnt, gelang es Mohammed den größten Teil der Stämme der Arabischen Halbinsel, seßhafte wie nomadisierende, in der einen oder anderen Form zum Beitritt zu der neuen Gemeinschaft zu bringen. Das ging nicht ohne Gewaltanwendung ab; die neue Gemeinde hatte sich ja auch der Feindschaft ihrer Gegner zu erwehren. Überfälle der Muslime auf die Karawanen der Mekkaner – im Rahmen der damaligen tribalen Ordnung durchaus üblich – führten zu einer ersten kriegerischen Unternehmung der Mekkaner, die allerdings von den Muslimen bei Badr geschlagen wurden (624); eine Niederlage der Muslime bei Uḥud (625) und eine erfolglose Belagerung von Medina durch die Mekkaner im sogenannten Grabenkrieg (627) führten schließlich zur friedlichen Inbesitznahme seiner Heimatstadt Mekka durch den Propheten im Jahr 630. Die führenden Geschlechter der heidnischen Stadtaristokratie der Quraiš nahmen den Islam an und wurden mit Sonderanteilen aus der Beute weiterer Kriegszüge gegen widerspenstige Stämme belohnt; es sollte nicht lange dauern, bis diese dem Islam bis dahin feindlich gesonnenen Familien, allen voran die Umayya vom Clan ʿAbd Šams, sogar die führende Rolle in dem neuen Gemeinwesen an sich reißen sollten.

Als Mohammed am 8. Juni 632 in Medina unerwartet starb, war der größte Teil der Stämme der Arabischen Halbinsel der *Umma* angegliedert. Der Begriff *umma,* im modernen Arabisch für „Nation" gebraucht, ist mit dem Wort *imām* verwandt, das das Oberhaupt einer Gemeinde bezeichnet; er kennzeichnet im Zusammenhang mit dem Islam eine neuartige Form der Gemeinschaft, die nicht mehr durch tribale Loyalität – die Einbettung des Individuums in seinen Stamm oder Clan – gekennzeichnet ist, sondern durch das neue religiöse Bekenntnis: nicht mehr der Stammesgenosse ist dem Stammesgenossen verpflichtet, sondern der Muslim dem Muslim.

Das Kalifat (*ḫilāfa*)

Nicht die Entstehung einer neuen Religion ist das historisch bedeutsamste Ereignis des frühen 7. Jahrhunderts; Religionen hat der Vordere Orient seit der Spätantike immer wieder in üppiger Fülle hervorgebracht, und die meisten davon – vom Mithraskult über die gnostischen Religionen bis zum Manichäismus – sind wieder untergegangen. Das Bedeutsame ist vielmehr, daß ein Staat entsteht, wo zuvor keiner war. Auf der Arabischen Halbinsel bildet sich ein Staatswesen der Araber, das alsbald über die Grenzen des arabischen Sprachraums hinaus zu expandieren beginnt und damit imperiale Züge annimmt – in Konkurrenz zu den beiden bestehenden Imperien, dem oströmischen (byzantinischen) Kaiserreich und dem Perserreich der sasanidischen Großkönige. Es ist dieses arabische Reich, das expandiert, und erst die Expansion des Staates schafft die Voraussetzungen für die Verbreitung der Religion, die ihm als Kitt dient.

Die Staatsbildung des arabischen Reiches hat der amerikanische Historiker Fred M. Donner untersucht. Ihre Wurzeln liegen schon in der Zeit vor Mohammed, der einen Prozeß vorantrieb, der bereits früher eingesetzt hatte. Der Prophet hinterließ bei seinem Tod zwar noch keinen vollendeten Staat, aber doch „ein Gemeinwesen, das bis zu einem gewissen Grad die wesentlichen Kennzeichen eines Staates erlangt hatte: einen relativ hohen Grad von Zentralisation, eine Vorstellung vom Primat des Gesetzes oder höherer zentraler Autorität bei der Beilegung von Konflikten, sowie von einzelnen Amtsinhabern unabhängige Institutionen zur Ausübung administrativer staatlicher Funktionen" (Donner, S. 54 f.). Zu den letzteren zählen die Anfänge eines geregelten Steuerwesens; schon zu Mohammeds Zeit waren die zur *umma* gehörigen Stämme verpflichtet, eine Abgabe (*ṣadaqa*) nach Medina zu leisten.

Ein wesentlicher Zug des neuen Gemeinwesens war sein urbaner Charakter; die ökonomische Grundlage bildeten die Städte des Ḥiǧāz, die dank seiner Fernhandel treibenden Elite rasch wirtschaftliche Blüte erreichten. Mohammed, seine Gefährten und seine Nachfolger waren Städter; der Islam ist eine Religion der Städte, nicht der Wüste, wie ein romantisches Klischee es will. Allerdings ist die Kontrolle der Nomaden durch die städtischen Eliten des Ḥiǧāz die Voraussetzung für die Expansion des neuen Staates. Weder die Römer noch die Parther und Perser waren in der Lage gewesen, die Nomadenstämme der Arabischen Halbinsel vollständig zu kontrollieren, und diese wiederum waren aufgrund ihres begrenzten Organisationsgrades nicht in der Lage, die Großreiche ernsthaft zu gefähren; „sie konnten Überfälle unternehmen, aber die Großstaaten niemals erobern ... Mit dem Islam hingegen sollte der lange Kampf zwischen dem Stamm und dem Staat ein für alle Mal entschieden werden, und zwar zugunsten des Staates" (Donner, S. 49).

Mohammed hatte weder einen Nachfolger designiert noch eine Regierungsform vorgesehen; so mußte nach seinem Tod *ad hoc* entschieden werden, wie das Gemeinwesen von Medina gelenkt werden sollte. Dies geschah im wesentlichen nach ähnlichen Regeln wie bei den älteren sozialen Einheiten („Stämmen"): durch Konsens der „Ältesten", hier durch das Einvernehmen der frühesten Glaubens- und Kampfgenossen des Propheten. Als „Vertreter" (*ḫalīfa*) des Propheten wird zunächst Abū Bakr bestimmt, der mit Mohammed zusammen die Auswanderung nach Medina unternommen und eine seiner Töchter mit ihm verheiratet hatte; in den zwei Jahren seiner Herrschaft (632–634) gelingt es ihm, die Abfallbewegung (*ridda*) zahlreicher Stämme, die unter eigenen Propheten sich von Medina unabhängig zu machen versuchen, zu verhindern. Unter dem zweiten *ḫalīfa* ʿUmar (634–644) beginnt die militärische Ausdehnung des Staates. Auch der dritte Nachfolger, ʿUṯmān (644–656), wird noch einvernehmlich bestellt; nach seiner Ermordung – Symptom für die wachsenden Spannungen innerhalb der expandierenden *umma* – kann ʿAlī (656–661), der Vetter und Schwiegersohn des Propheten, nur noch einen Teil der Muslime hinter sich versammeln, während sich in Damaskus ein Gegenkalif etabliert. Die von späteren Generationen als Goldenes Zeitalter verklärte Epoche der vier „rechtgeleiteten" (*rāšidūn*) Kalifen endet in einem blutigen innerislamischen Krieg, dem sogenannten Ersten Bürgerkrieg, der von den Muslimen nicht mit dem Wort *ḥarb* (Krieg gegen einen äußeren Feind), sondern mit *fitna* , d.h. von Gott gesandte „Prüfung", bezeichnet wird.

Die vier ersten Kalifen waren allesamt Mekkaner gewesen, also „Auswanderer" (*muhāǧirūn*), frühe Anhänger des Propheten, die mit ihm die Hiǧra vollzogen hatten; die medinensischen „Helfer" (*anṣār*) kamen nicht zum Zuge. Der fünfte Kalif, Muʿāwiya (661–680), war ein Angehöriger der mekkanischen Familie Umayya vom Clan ʿAbd Šams, der dem Propheten lange Zeit ablehnend, ja feindlich gegenübergestanden hatte und erst nach der Einnahme Mekkas durch Mohammed sich zum Islam bekehrte. Mit Muʿāwiyas Kandidatur erhoben die Umayya, einst die Repräsentanten des heidnischen Mekka, nun den Anspruch auch auf die Führung in der islamischen *umma*; damit übernahm die von Mohammed bekämpfte heidnische Oligarchie von Mekka erneut ihre alte herrschende Position im arabischen Gemeinwesen, die sie noch dadurch festigte, daß sie das Kalifenamt erblich machte; die „Söhne Umayyas" (*Banū Umayya*) oder Umayyaden bildeten so die erste Dynastie von Kalifen, die von 661 bis 750 herrschte; Damaskus, wo Muʿāwiya zuvor Statthalter gewesen war, wurde zur Hauptstadt des arabischen Reiches.

Ohne Widerstände ging das nicht; Widerstand gegen die Herrschaft des Umayya-Clans artikulierte sich politisch wie religiös; die Anhänglichkeit der Frommen an die von der Macht verdrängte Familie des Propheten verfestigte sich zur religiös-politischen Oppositionspartei der Schiiten; ein mekkanisches Gegenkalifat brachte die umayyadische Herrschaft im sogenannten Zweiten Bürgerkrieg gegen Ende des 7. Jahrhunderts fast zum Einsturz, und ein von Ostiran ausgehender Umsturz in der Mitte des 8. Jahrhunderts beendete die Herrschaft des Umayya-Clans und machte gleichzeitig dem Arabischen Reich ein Ende.

Die Eroberungen (*futūḥ*)

Unter dem zweiten Nachfolger Mohammeds, dem Kalifen ʿUmar (634–644), dehnt sich das von der islamischen Umma in Medina kontrollierte Gebiet rasch über die Grenzen der Arabischen Halbinsel aus. Die Muslime erobern innerhalb weniger Jahre den gesamten Fruchtbaren Halbmond, und zwar gleichzeitig das römisch-byzantinische Palästina/Syrien (Schlacht am Fluß Yarmūk 636) und das zum Perserreich gehörende Mesopotamien (Schlacht bei Qādisīya und Einnahme der Hauptstadt Ktesiphon am Tigris, 636); dann im Osten das iranische Hochland (Schlacht bei Nihāvand 641 oder 642) und im Westen Ägypten (639–642), wo Alexandria von dem byzantinischen Statthalter, dem orthodoxen Patriarchen Kyros, geräumt wird. 670 wird die arabische Lagerstadt Kairuan (*al-Qairawān*) im heutigen Tunesien gegründet; 711 setzen arabisch-berberische Kontingente unter Ṭāriq über die fortan nach ihm benannte Meerenge (Gibraltar = *Ǧabal Ṭāriq,* „Berg des Ṭāriq") und unterwerfen das Königreich der Westgoten auf der Iberischen Halbinsel; 732 dringt ein Trupp ins Frankenreich vor – wohl mit dem Ziel der Plünderung der reichen Abtei Sankt Martin in Tours – und wird von Karl Martell geschlagen. Etwa zur gleichen Zeit erreicht die arabische Expansion Zentralasien (Buchara 710; Samarqand 712) und das Mündungsgebiet des Indus (*Sind*) im heutigen Pakistan. Zwei längere Belagerungen der byzantinischen Hauptstadt Konstantinopel (Istanbul) in den Jahren 674–678 und 715–718 schlagen indes fehl. 751 erobern die Araber Čāč (Taschkent) und treffen auf die westlichen Vorposten der Chinesen. Damit stößt die islamische Expansion einstweilen an ihre Grenzen.

Die rasche Expansion des Herrschaftsgebietes der muslimischen Araber ist ein erklärungsbedürftiges Phänomen. Monokausale Begründungen indes sind nicht angebracht; insbesondere ist der Hinweis auf die neue Religion allein nicht geeignet, Impuls und Erfolg der Eroberungen hinreichend zu erklären.

Einen Missionsauftrag – vergleichbar etwa dem christlichen „Gehet hin und lehret alle Völker und taufet sie ..." (Matth. 28, 19) – kennt der Koran nicht; die Expansion der Umma hatte auch, wie gleich zu zeigen sein wird, keineswegs den Zweck, die Unterworfenen zum Islam zu bekehren. Die Eroberungen entsprangen weder einem vorgefaßten Plan noch unterlagen sie einer zentralen Lenkung. Die historische Forschung der letzten Jahrzehnte (Noth; Donner) hat gezeigt, daß die Eroberungen eher zufällig in Gang kamen: das ursprüngliche politische Ziel der Umma, die „endgültige Durchsetzung des islamischen Monopols auf der Arabischen Halbinsel" (Noth), führte zunächst zur Einbeziehung der christlichen arabischen Vasallen der Byzantiner bzw. Perser an beiden

Rändern der Syrischen Wüste; erst die leichten Erfolge brachten die getrennt und unabhängig operierenden Trupps muslimischer Kämpfer dazu, durch Verträge mit den Seßhaften die Umma nach Syrien und Mesopotamien hinein auszuweiten. Nach muslimischem Sprachgebrauch „öffnete" (*fataḥa*) Gott dem Islam die Länder; die Phase der Eroberungen heißt daher „die Öffnungen" (*futūḥ*, Sing. *fatḥ*). Die wenigen oben erwähnten Schlachten brachen den Widerstand der Heere der jeweiligen Zentralmacht (Byzanz, Perserreich), während die Städte durch Verträge friedlich den Oberherrn wechselten.

Erklärbar wird der rasche Wechsel der Herrschaft einmal durch die fehlende Loyalität der Untertanen ihren ehemaligen Oberherren gegenüber. Weitaus die meisten Bewohner Syrien/Palästinas und Ägyptens waren monophysitische Christen, für die die herrschende chalkedonische (griechisch-orthodoxe) byzantinische Reichskirche ein bedrückender Gegner war; die koptische Kirche gewann erst infolge ihrer Privilegierung durch die neuen muslimischen Herren ihre führende Stellung in Ägypten zurück. Zum zweiten bot die von den Arabern praktizierte vertragliche Regelung des Herrschaftswechsels den Unterworfenen zumindest keine Nachteile und führte zu einer „günstige(n) Konstellation konvergierender Interessen" (Noth), die als Hauptgrund für die schnelle Eroberung des Fruchtbaren Halbmonds und Ägyptens gelten darf.

Am Beispiel von Damaskus kann demonstriert werden, wie solche Verträge aussahen. Im Jahre 635 schloß der arabische Heerführer Ḫālid ibn al-Walīd mit dem Bischof der Stadt folgenden Vertrag, der von dem Historiker al-Balāḏurī überliefert ist:

> Im Namen Gottes, des barmherzigen Erbarmers! Das folgende hat Ḫālid ibn al-Walīd den Einwohnern von Damaskus gewährt, als er [die Stadt] betrat. Er hat ihnen eine Sicherheitsgarantie (*amān*) gewährt für ihr Leben, ihr Hab und Gut, ihre Kirchen und ihre Stadtmauer; keines von ihren Häusern soll zerstört oder [von Arabern] bewohnt werden. Dafür haben sie die Bürgschaft Gottes und den Schutz

seines Gesandten – Gott segne ihn und schenke ihm Heil! –, seiner Nachfolger und der Gläubigen; nur Gutes soll ihnen widerfahren, wenn sie *Tribut entrichten.*

Ganz ähnlich der (hier gekürzte) Vertrag mit Jerusalem aus dem Jahr 636 (nach den *Annalen* des Ṭabarī):

Im Namen Gottes, des barmherzigen Erbarmers! Das folgende hat der Knecht Gottes, ʿUmar, der Befehlshaber der Gläubigen, den Einwohnern von Aelia [Jerusalem] als Sicherheitsgarantie gewährt. Er hat ihnen eine Garantie für ihr Leben, ihr Hab und Gut, ihre Kirchen und Kreuze, die Kranken und Gesunden sowie die ganze Einwohnerschaft [der Stadt] gewährt. Ihre Kirchen sollen weder als Wohnungen benutzt noch zerstört werden; weder die [Kirchen] selbst noch der dazugehörige Besitz soll Schaden leiden; auch nicht ihre Kreuze oder anderweitiges Eigentum. In ihrer Religion sollen sie nicht beeinträchtigt werden, und niemand soll Schaden leiden. [Auch künftig] soll kein Jude bei ihnen in Aelia wohnen dürfen.[1] Die Bewohner von Aelia müssen in gleicher Weise Tribut entrichten wie die anderer Städte...

Diejenigen Bewohner von Aelia, die sich mit ihrer Habe entfernen, mit den Byzantinern abreisen und ihre Kirchen und Kreuze aufgeben wollen, sollen freies Geleit haben für sich, ihre Kirchen und Kreuze, bis sie in Sicherheit sind ...

Auf diesem Schriftstück liegt die Bürgschaft Gottes und der Schutz seines Gesandten, der Kalifen und der Schutz der Gläubigen, wenn sie den ihnen obliegenden *Tribut entrichten.*" [Folgen die Namen der Zeugen].

Die letzten Worte beider Texte zitieren Koran 9, 29:

Kämpft gegen diejenigen, die nicht an Gott und den Jüngsten Tag glauben und nicht verbieten, was Gott und sein

[1] Durch diese Bestimmung ließen sich die Christen von den Muslimen ihr altes Monopol auf die heilige Stadt garantieren; seit Kaiser Hadrian (dem die Stadt auch den Namen *Aelia Capitolina* verdankte), durften keine Juden mehr dort wohnen.

> Gesandter verboten haben, und nicht der wahren Religion angehören – von denen, die die Schrift erhalten haben – bis sie kleinlaut aus der Hand *Tribut entrichten.*

Dieser Vers, der sich ursprünglich vielleicht nur auf die ungläubigen Heiden, nicht auf die Christen und Juden bezog[1], wird im Laufe der Eroberungen auf die unterworfenen *monotheistischen* Nichtmuslime bezogen, „die die Schrift erhalten haben, oder „die Leute der Schrift" (*ahl al-kitāb*), also alle, die ein geoffenbartes Heiliges Buch besitzen, sei es die Thora, das Evangelium oder – bei den zarathustrischen Iranern – das Avesta. Diese „Schriftbesitzer" bilden also eine besondere, privilegierte Kategorie zwischen den eigentlichen Ungläubigen, den polytheistischen Heiden (*mušrikūn*), und den Gläubigen (*mu'minūn*) im engeren Sinne, den Muslimen. Die zahlreichen uns überlieferten Verträge aus der Zeit der Eroberung weichen zwar im Wortlaut, nicht aber im Tenor voneinander ab: stets werden den Anhängern der nichtmuslimischen monotheistischen Religionen neben dem Schutz ihres Lebens und Besitzes auch die freie Ausübung ihrer Religion und der Besitz ihrer Kultstätten und -gegenstände garantiert. Dieser Schutz heißt *ḏimma* und ist eine einklagbare Verpflichtung des islamischen Staates gegenüber seinen nichtmuslimischen Untertanen; der einzelne Schutzbürger heißt *ḏimmī*. Seine Gegenleistung ist ein Tribut (*ǧizya*), zur Zeit der Eroberung wohl als Pauschale der eroberten Stadt zu entrichten, später in eine genau spezifizierte individuelle Kopfsteuer – von den erwachsenen Männern erhoben – umgewandelt.

Dieses System zielt, wie schon oben erwähnt, gerade nicht auf eine Konversion der Unterworfenen zum Islam; im Gegenteil; die erobernden Araber, die von diesem Tribut lebten, mußten ein Interesse daran haben, die Zahl der Tributpflichtigen hoch zu halten. Der zweite Kalif ʿUmar hat als erster eine Liste (*dīwān*) der Empfangsberechtigten aufstellen lassen, die aus den Tributen der Unterworfenen alimentiert wurden;

[1] Manche moderne Kommentatoren halten die Parenthese „von denen, die die Schrift erhalten haben" für eine später eingeschobene Glosse.

während der ganzen Eroberungszeit waren die Kämpfer (*muqātila*), die die Eroberungen vorantrugen – vor allem arabische Stammeskrieger –, die Nutznießer dieses Dotationensystems. Die Formel „spezifizierte Abgaben gegen Schutz und Religionsfreiheit" (Noth) kennzeichnet das Verhältnis von Nichtmuslimen zu muslimischen Herren bis zum Anbruch der Moderne.

Es soll noch einmal hervorgehoben werden, daß es der neue arabische Staat ist, der expandiert, wobei dessen Träger zunächst die Angehörigen der mekkanischen Kaufmannsaristokratie sind, an ihrer Spitze bezeichnenderweise diejenigen Clans, die dem Islam zunächst indifferent oder ablehnend gegenübergestanden hatten, wie die Umayya. Diese hatten schon vor dem Islam enge Verbindungen nach Syrien unterhalten und betrachteten das schon in der Antike weitgehend arabisierte östliche Syrien als ihre natürliche Interessensphäre; die Verlegung des Zentrums des Kalifats nach Damaskus durch den fünften Kalifen Muʿāwiya (661–680) war in dieser Hinsicht ein konsequenter Schritt.

Die Expansion der arabischen Herrschaft über den Vorderen Orient, Zentralasien, den nordwestlichen Indischen Subkontinent, Nordafrika und die Iberische Halbinsel setzte zwei Prozesse in Gang, die in den einzelnen Regionen mit unterschiedlicher Geschwindigkeit und unterschiedlichem Erfolg verliefen: die Arabisierung und die Islamisierung.

Arabisierung meint die Verbreitung der (nord)arabischen Sprache über die Arabische Halbinsel hinaus. Im ganzen Fruchtbaren Halbmond trat das Arabische nach und nach an die Stelle des ihm nahe verwandten Aramäischen, das seit über einem Jahrtausend die Sprache Syrien/Palästinas und Mesopotamiens gewesen war; heute wird Aramäisch nur noch in einigen Orten Syriens (Maʿlūlā) und von den Christen im Dreiländereck Syrien-Türkei-Irak gesprochen. In Ägypten blieb die einheimische koptische Sprache (*qibṭī* = ägyptisch) für Jahrhunderte vorherrschend; erst im 11. Jahrhundert setzt sich das Arabische als Schriftsprache auch der Kopten durch; heute dient die Sprache der Pharaonen nur noch als Sprache der Liturgie der koptischen Kirche. Westlich des Nil wichen die hamitischen „berberischen" Sprachen (*berber* = Stammler, Barbar) nur langsam und nur zum Teil dem Arabischen. Die Unterwerfung Nordafrikas geschah durch zahlenmäßig nicht sehr große arabische Heere, die lange Zeit auf ihren Standort Kairuan im heutigen Tunesien und kleine Garnisonen konzentriert blieben. Eine Einwanderung von geschlossenen arabischen beduinischen Stammesverbänden vom Sinai her gibt es erst seit dem 11. Jahrhundert; bis zu dieser Zeit hielten sich auch Reste von Vulgärlatein in Nordafrika. Aus Spanien und Sizilien wurde das Arabische durch die christliche Rückeroberung wieder verdrängt. Auf dem iranischen Hochland und in Zentralasien dagegen behaupteten sich die indogermanischen iranischen Sprachen; zwar wurde auch hier das Arabische die Sprache der Religionsgelehrten und der Wissenschaft, doch lebte das (Neu)Persische als Volkssprache weiter und fand in der Dichtung seit dem 10. Jahrhundert eine Neubelebung.

Die innere Islamisierung der vom Kalifenreich beherrschten Territorien war ein langwieriger Prozeß, der noch nicht in allen Einzelheiten erforscht ist. Es war schon die Rede davon, daß den Eroberern an einer Konversion der Unterworfenen nicht gelegen war; sie gewährten den Christen, Juden und Zarathustriern den Schutz (*ḏimma*) des islamischen Staates und begnügten sich mit ihren Abgaben, aus denen der Unterhalt der muslimischen Kämpfer bestritten wurde. Im Osten scheint der Zarathustrismus sehr rasch geschwunden zu sein; seine hauptsächlichen Träger, die Schicht des iranischen Landadels, der „Barone" (*dahāqīn*, Sing. *dihqān*), hat sich sehr schnell in die islamische Gesellschaft integriert und den Islam angenommen, wobei ihr die Landbevölkerung folgte. Die bedeutende Religionsgemeinschaft der Manichäer mit ihren Schwerpunkten im Irak, wegen ihrer dualistischen Lehre den Muslimen als polytheistisch verdächtig und von einzelnen Bagdader Kalifen im 8. Jahrhundert verfolgt, zog sich nach Zentralasien zurück. Die christlichen Kirchen genossen den erwähnten Schutz; das Oberhaupt der Nestorianer, der Katholikos, nahm am Hof der Kalifen von Bagdad einen hohen Ehrenrang ein, und die monophysitische syrische (jakobitische) Kirche behauptete sich mit ihrer Hierarchie und einem reichen Besitz an Ländereien, Kirchen und Klöstern. Die koptische Kirche in Ägypten, durch die arabische Eroberung vom griechisch-orthodoxen Druck befreit, konnte ihre Stellung sogar ausbauen; der Einfluß des Patriarchen von Alexandria reichte weit nach Süden über Nubien und den Sudan bis ins christliche Äthiopien. Die Bevölkerung Ägyptens scheint noch bis ins 14. und 15. Jahrhundert überwiegend christlich gewesen zu sein; noch heute macht die koptische Minderheit einen beträchtlichen Teil der Bevölkerung Ägyptens (ca. 10 %) aus. Nur in Nordafrika ist die römisch-katholische Kirche – und mit ihr die lateinische Sprache – gänzlich verschwunden – vermutlich wegen ihrer schwachen Infrastruktur. Zwar gab es am Ende des 10. Jahrhunderts in Nordafrika noch 47 Bistümer, davon 14 in Südtunesien, aber schon 1050 klagt Papst Leo IX. in einem Brief an den Bischof von Karthago, daß es „in ganz Afrika" nur noch fünf besetzte Bistümer gebe.

Die innere Islamisierung des Kalifenreiches ist nur zum Teil aus der Zuwanderung von Arabern aus der Arabischen Halbinsel in die umgebenden Regionen zu erklären. Der Hauptgrund war wohl der gesellschaftliche Sog der herrschenden Religion, die ja die Religion der Herrschenden war; einem Muslim boten sich ganz andere Aufstiegschancen als einem *ḏimmī*, obwohl auch immer zahlreiche Nichtmuslime in hohen Stellungen anzutreffen sind; sogar im Rang von Wesiren treffen wir Juden und Christen an, und einzelnen Juden und Christen eröffnete die Konversion den Zugang zu hohen militärischen Rängen. In Ägypten war jahrhundertelang die gesamte Finanz- und Steuerverwaltung in den Händen christlicher Beamter; allerdings läßt sich gerade anhand der koptischen Beamtenfamilien der Prozeß der Islamisierung verfolgen: nach und nach finden alle es opportun, den Islam anzunehmen. Dem Sog der Attraktivität korrespondierte nur selten ein Druck von oben; so hat der ägyptische Kalif al-Ḥākim (996–1021) versucht, seine Beamten vor die Wahl zwischen Konversion oder Auswanderung ins byzantinische

Reich zu stellen, aber dieser Versuch war nicht nur eine Ausnahme, er blieb auch erfolglos; al-Ḥākims Nachfolger mußte den Exilierten die Rückkehr in die Heimat und zum alten Glauben gestatten.

Die Abbasiden-Kalifen von Bagdad

Der Umsturz von 750 brachte eine Familie an die Spitze des islamischen Reiches, die mit dem Propheten eng verwandt war: die Abbasiden (*Banū l-ʿAbbās*), Nachkommen von Mohammeds Onkel al-ʿAbbās. Auch die abbasidischen Kalifen sind also Angehörige des mekkanischen Stammes Quraiš. Allerdings verliert das islamische Reich unter ihrer Herrschaft rasch seinen arabischen Charakter. Neue Kalifenresidenz wird die „Stadt des Heils“ *(Madīnat as-Salām)*, die 758–762 als kreisrunde Palast- und Garnisonsstadt bei dem älteren Dorf Bagdad (*Baġdād*) angelegt wird. Die rasche Annahme des Islam durch die alte iranische Herrenschicht, den persichen „Adel“, macht diesen zu einem neuen innovativen Element der islamische Gesellschaft. Damit wird eine ganze Reihe von vorislamischen, altiranischen Traditionen in den Islam integriert: die Vorstellung vom Königtum, Formen des Zeremoniells und der Titulatur, administrative Praktiken, Formen von Architektur und Kunst. Schon bald steigen Iraner zu den höchsten Rängen in der Staatsverwaltung auf, wie die aus dem heutigen Afghanistan stammende, ehemals buddhistische Familie der Barmakiden, die 803, auf dem Höhepunkt ihrer Macht, vom Kalifen Hārūn ar-Rašīd gestürzt wird. Iraner nehmen führende Positionen in den religiösen Wissenschaften, in Medizin, Mathematik, Astronomie und Philosophie ein; seit dem 10. Jahrhundert gewinnt die iranische Sprache (Neupersisch oder *Fārsī*) in Lyrik und Epik ihre Stellung als Literatursprache zurück.

Das Kalifat von Bagdad endet erst mit der mongolischen Invasion von 1258, der der letzte Abbasidenkalif zum Opfer fällt. Aber schon lange vorher hat sich die politische Macht des Prophetennachfolgers bis auf den leeren Titel verflüchtigt, das islamische Imperium sich in seine geographischen Bestandteile aufgelöst. Schon bei der „abbasidischen Revolution", dem Umsturz von 750, hatte das muslimische Spanien/Portugal (*al-Andalus*) den neuen Machthabern den Gehorsam versagt und sich 756 unter einem Nachkommen der gestürzten Umayyaden selbständig gemacht; 789 lösten sich die Berber des heutigen Marokko, angeführt von einem Nachkommen des Propheten, Idrīs, von der Herrschaft des fernen Bagdad. Auch in den Provinzen, die nominell beim Kalifenreich blieben, etablierten sich regionale Dynastien wie die Aghlabiden von Kairuan im heutigen Tunesien (800–909), die Tuluniden in Ägypten (868–905) oder die iranischen Samaniden von Buchara (875–1005) in Zentralasien. Diese Gouverneursdynastien anerkannten den Kalifen von Bagdad als ihren Oberherrn, empfingen von ihm die Einsetzungsurkunde, trugen auch weiterhin nur den Titel eines Militärgouverneurs (*amīr* = Befehlshaber), leisteten aber bestenfalls Tribute, während sie ansonsten selbständig herrschten. Mit der Etablierung solcher regionalen Dynastien auch in Syrien und Westiran schrumpfte der tatsächliche Herschaftsbereich des Kalifen immer mehr, bis der Kalif schließlich selbst zu einem irakischen Territorialfürsten wurde. 945 geriet der Irak unter die Herrschaft eines iranischen Regionalfürsten aus der Familie der Buyiden, der als „Oberbefehlshaber" (*amīr al-umarāʾ* = Befehlshaber der Befehlshaber) die Macht in Bagdad an sich riß; unter der tatsächlichen Herrschaft der Buyiden, die sich bald sogar den altiranischen Titel eines Großkönigs (*šāhān-šāh* = der Könige König) beilegten, wurde der Kalif zur bloßen Marionette in der Hand der Militärs iranischer und zunehmend auch türkischer Herkunft.

Zwar war der „Nachfolger" des Kalifen noch immer vom Nimbus seines Amtes umgeben, doch war sein religiöser Einfluß ebenso gering wie sein politischer; als geistiges Oberhaupt des Islam wird man ihn schwerlich bezeichnen können. Die religiöse Autorität in der islamischen *umma* hatte längst einen anderen Träger gefunden: die Gelehrten.

Die Anfänge der Theologie (*kalām*)

Im frühen 8. Jahrhundert, gegen Ende der Umayyadenzeit, werden in der Kontroverse über die menschliche Willensfreiheit oder die Vorherbestimmung seines Handelns durch Gott (Prädestination) erstmals Ansätze einer islamischen Theologie faßbar.

Das arabische Wort *kalām* bedeutet eigentlich „Rede"; es ist anzunehmen, daß der Begriff auf das christlich-griechische *diálexis* zurückgeht, und zwar über die Zwischenstufe der aramäischen Lehnübersetzung *mamlā*; der Theologe (griechisch *dialektikós*; aramäisch *melīlāyā*) wird also im Arabischen zum *mutakallim*, dem [von Gott] „Redenden" (J. van Ess). Als *mutakallimūn* bezeichnet man alle diejenigen, die in argumentierender, raisonnierender Weise über Gott und die göttlichen Dinge „reden".

Die älteste theologische Richtung, die *Qadarīya,* wird erstmals in Syrien faßbar; ihre Vertreter gingen vom freien Willen und damit von der Eigenverantwortlichkeit des Menschen für sein Tun aus; die Männer, die dieser Schule zugerechnet wurden, galten als Wortführer der politischen Opposition gegen die regierenden Kalifen, die – wie jeder andere Gläubige – für ihr Tun zur Verantwortung gezogen werden sollten. Das Wort *qadar* bezeichnet die „Allmacht" Gottes; allerdings sind aber die Qadariten gerade diejenigen, die durch die Betonung der menschlichen Willensfreiheit – nach Ansicht ihrer Gegner – die Allmacht Gottes in unzulässiger Weise einschränken.

Während die qadaritische Strömung nach dem Sturz der Umayyaden im Jahre 750 in Syrien versiegt, lebt sie wieder auf in der Schule der *Muʿtazila*, deren Ursprung in der Hafenstadt Basra im Irak lag; hier lehrten ihre ersten Vertreter, Wāṣil ibn ʿAṭā' (st. 749) und ʿAmr ibn ʿUbaid (st. 761). Die Entstehung des Namens dieser bedeutendsten frühen Theologenschule ist ähnlich undurchsichtig wie desjenigen der Qadarīya; er bedeutet wörtlich: „die sich Absondernden" (Partizip des Verbums *iʿtazala*). Neben der Annahme des freien Willens vertraten die Muʿtaziliten einen von allen anthropomorphen Vorstellungen gereinigten Gottesbegriff, der dem gestaltlosen „Einen" der griechischen Philosophie nahekam; sie bestritten daher sogar die Ewigkeit der göttlichen Attribute, von denen im Koran die Rede ist; sogar der Koran selber als Gottes Wort durfte keine Ewigkeit beanspruchen, da es neben Gott nichts Ewiges – und damit Göttliches – geben dürfe. Die muʿtazilitische Auffassung, daß der Koran nicht von Ewigkeit her existiere, sondern in der Zeit geschaffen sei, wurde zum Hauptkennzeichen der Schule, die in dem Bagdader Kalifen al-Ma'mūn (813–833), dem Sohn des Hārūn ar-Rašīd, einen Gönner und Förderer fand; al-Ma'mūn versuchte das Dogma von der Erschaffenheit des Korans sogar mit Hilfe einer Art Inquisition (*miḥna*) durchzusetzten. Seine Nachfolger, sein Bruder al-Muʿtaṣim (833–842) und sein Neffe al-Wāṯiq (842–847), folgten ihm auf diesem Weg, doch der Kalif al-Mutawakkil kehrte sich kurz nach seiner Thonbesteigung 848 wieder von der muʿtazilitischen Lehre ab.

Diese ersten islamischen theologischen „Schulen" wurden getragen von Privatgelehrten, die ihre Anschauungen im Kreis ihrer Schüler vortrugen, gelegentlich auch in Briefen und Traktaten äußerten. Wie die Qadarīya ist die Muʿtazila bald wieder verschwunden, doch wirkte ihre Methode des rationalen Argumentierens, die Dialektik des *kalām*, weiter fort, selbst unter ihren Gegnern, die die muʿtazilitischen Anschauungen zwar vor allem mit Hilfe von Aussprüchen des Propheten (*ḥadīṯ*) zu bekämpfen pflegten und das Raisonnieren in Glaubensdingen im allgemeinen verwarfen, aber in ihrer Polemik doch nicht ganz darauf verzichten konnten.

Das Erbe der Qadarīya/Muʿtazila sollte seit dem 11. Jahrhundert die Theologie der (Zwölfer-)Schiiten antreten; bei ihnen fand die Hochschätzung des Verstandes und des vernünftigen Argumentierens und Schließens ihre Heimstatt. Seit dem 9. Jahrhundert aber begab der sich allmählich herausbildende „sunnitische" Islam sich auf ganz andere Wege. Einer der heftigsten Gegner der Muʿtazila war der Bagdader Prediger

Aḥmad ibn Ḥanbal (780–855), der unter dem muʿtazilitischen Kalifen al-Muʿtaṣim, in der Zeit der „Inquisition", verhaftet und zu einer Prügelstrafe und zum Schweigen verurteilt worden war. Als Autor einer umfassenden Sammlung (*Musnad*) von Prophetenaussprüchen wurde er einer der Bannerträger des traditionalistischen Islam; die nach ihm benannte Schule prägt noch heute etwa den Islam in Saudi-Arabien, wo die Bewegung der Wahhābiten sich auf ihn beruft.

Im sunnitischen Islam haben sich die Gegner der Muʿtazila weithin durchgesetzt; eine Fülle von Prophetenaussprüchen, die die Prädestination bekräftigen, wird in den Sammlungen der Sunniten (s. u. S. 40 f.) angeführt:

> [Der Prophet hat gesagt:] Die Konstitution eines jeden von euch wird im Leibe seiner Mutter vierzig Tage lang gebildet; dann wird er ebensolange ein Blutklumpen, dann ebensolange ein Fleischklumpen. Dann schickt Gott einen Engel mit vier Wörtern, und der schreibt sein [künftiges] Handeln auf, sein Todesdatum, seinen Lebensunterhalt und ob er [auf Erden] unglücklich oder glücklich wird. Dann wird [dem Embryo] der Geist eingehaucht. Wenn nun einer von euch handelt wie die, die für das Höllenfeuer bestimmt sind, und er ist von diesem nur noch eine Elle entfernt, dann kann ihn das Aufgeschriebene überholen, so daß er handelt wie die für das Paradies Bestimmten, und er kommt ins Paradies. Und wenn einer von euch so handelt wie die, die für das Paradies bestimmt sind, und ist davon nur noch eine Elle entfernt, so kann ihn das Aufgeschriebene überholen, so daß er handelt wie die für das Höllenfeuer Bestimmten, und er kommt ins Feuer. (Sammlung des Buḫārī)

Die Auffassung von der Vorherbestimmung (Prädestination) aller menschlichen Taten hat also den Sieg davon getragen und steht seitdem in einem unaufgelösten Spannungsverhältnis zu jenen Passagen des Korans, die die Verantwortung des Menschen vor Gott bekräftigen – ein weites Feld für die Arbeit der Theologen. Auch die Verwerfung der Ewigkeit der göttlichen Attribute durch die Muʿtaziliten hat sich nicht durchgesetzt; der Glaube an die Unerschaffenheit des Koran trug den Sieg davon.

Vielleicht die folgenreichste theologische Weichenstellung war jedoch der Sieg des Okkasionalismus. Das Beharren auf der uneingeschränkten Allmacht Gottes führte dazu, neben der Urheberschaft Gottes jede andere Form von Ursächlichkeit zu leugnen: alles, was in der Welt geschieht, wird in ebendem Augenblick, da es geschieht, von Gott geschaffen, und nur die Gewohnheit Gottes (*ʿādat Allāh*), bestimmte Schöpfungsakte immer wieder in derselben Reihenfolge stattfinden zu lassen, erweckt in uns die Illusion eines Zusammenhangs von Ursache und Wirkung. Gott erschafft im Menschen den Hunger, er erschafft dann den Akt des Essens und anschließend das Gefühl des Gesättigtseins; aber die Annahme, daß die Sattheit eine zwingende Folge des Essens sei, ist illusionär; „neben der umfassenden Kausalität Gottes ist keine andere Form von Kausalität vorstellbar" (U. Rudolph). Als Vollender des islamischen Okkasionalismus (*occasio* = Gelegenheit, Anlaß) läßt sich der Iraker al-Ašʿarī (873–935) namhaft machen, der sich in scharfer Wendung von seinen muʿtazilitischen Lehrmeistern in Basra abgewandt hatte; seine Vorstellungen wurden später von dem berühmten Theologen al-Ġazzālī (1058–1111) in modifizierter Form aufgegriffen und verbreitet und gehörten seitdem zum Standardrepertoire der sunnitischen Theologie.

Die Frage, ob und inwieweit solche theologischen Richtungsentscheidungen einen Einfluß auf die allgemeine Entwicklung der islamischen Gesellschaften genommen haben – ob etwa die Leugnung des Kausalitätsprinzips die Stagnation der Naturwissenschaften nach ihren glänzenden Anfängen mitverschuldet hat –, läßt sich schwer beantworten. Jedenfalls sollte man nicht vergessen, daß keine dieser grundsätzlichen Entscheidungen je Alleingültigkeit beanspruchen konnte, daß die in den Hintergrund gedrängten Strömungen immer auch präsent blieben. Gerade die Muʿtazila mit ihren rationalistischen Ansätzen und ihrer Betonung der Verantwortlichkeit des Menschen übt auf manche islamische Modernisten und Reformer der Gegenwart erneut ihren Reiz aus.

Die Prophetentradition (*ḥadīṯ*)

Im Kampf gegen die Qadariten und Muʿtaziliten hatten sich deren Gegner in wachsendem Maße einer Waffe bedient, die einen durchschlagenden Erfolg versprach: überlieferter Aussprüche Mohammeds selber, gegen deren Autorität sich nicht anraisonnieren ließ, vorausgesetzt, ihre Echtheit war verbürgt.

Allerdings bot die theologische Polemik keineswegs den einzigen Anlaß, sich auf die *ipsissima verba* des Propheten zu berufen. Auch bei Differenzen in kultischen oder rechtlichen Fragen bot es sich an, sich an der Praxis des Propheten und seiner Gefährten (*ṣaḥāba*) oder auch noch der Nachfolgergeneration (*tābiʿūn*) zu orientieren. So tauchen denn gegen Ende des 1. Jahrhunderts nach der Hiǧra (Anf. 8. Jh.) in den Debatten und Kontroversen als Argumente neben zitierten Koranversen immer häufiger kurze Einzelüberlieferungen auf, die den Usus (*sunna*) des Propheten und seiner Gefährten in Form kurzer Ausprüche oder Ereignisse (*ḥadīṯ*) belegen.

> Qutaiba ibn Saʿīd hat uns erzählt: al-Laiṯ hat uns erzählt von Yazīd ibn Abī Ḥabīb, daß ʿIrāk ibn Mālik diesem erzählt habe, daß ʿUrwa ihm von ʿĀ'iša (der Witwe des Propheten) berichtet habe: Die Quraiš pflegten in der Heidenzeit (*ǧāhilīya*) am Zehner-Tag (*ʿĀšūrā'*) zu fasten. Dann befahl ihnen der Gesandte Gottes, an ebendiesem Tag zu fasten, bis schließlich der Ramaḍān zur Pflicht gemacht wurde und der Gesandte Gottes sagte: „Wer will, faste an diesem (ʿĀšūrā'-Tag), und wer will, der faste nicht." (Sammlung des Buḫārī. Zum ʿĀšūrā'-Fasten s. u. S. 65 f.)

Zunächst wurden an diese umlaufenden kleinen Geschichten keine besonders strengen formalen Maßstäbe gelegt; ihre vage Form lud zudem zu Fälschungen ein; kontroverse Meinungen wurden gern in die Form eines *ḥadīṯ* gekleidet; in der späten Umayyadenzeit bedienten sich sowohl die Herrschenden als auch die Oppositionellen des *ḥadīṯ*, um ihren kontroversen Ansichten die unumstößliche Autorität des Gottgesandten zu verschaffen. Sammlungen von Prophetenaussprüchen in Form von Heften oder Kladden (*ṣaḥīfa*) sind wohl schon in der Umayyadenzeit entstanden, wobei in der modernen Forschung noch strittig ist, wie weit solche schriftlichen Aufzeichnungen zurückreichen. Die Tatsache, daß Ḥadīṯe gefälscht wurden, war den Zeitgenossen durchaus bewußt, und das Bedürfnis nach authentischer Überlieferung führte dann einerseits zu systematischer Sammelarbeit, andererseits zur Aufstellung von Kriterien, nach denen die Spreu vom Weizen gesondert, das Echte vom Gefälschten unterschieden werden könnte.

Das wichtigste Instrument für die muslimischen *ḥadīṯ*-Sammler und -Kritiker wurde die sogenannte „Stütze" (*isnād*), also die lückenlose Nennung der Gewährsleute bis hinauf zu einem Prophetengenossen, der den betreffenden Ausspruch oder das Ereignis als Ohren- oder Augenzeuge miterlebt hatte – in dem oben angeführten Beispiel ist es ʿĀ'iša, die Witwe des Propheten, die den Ausspruch verbürgt. Ein weiteres Beispiel:

> [Al-Buḫārī schreibt:] Yaḥyā ibn Bukair hat mir erzählt: al-Laiṯ hat uns erzählt nach ʿUqail nach Šihāb : Mir hat Ibn Abī Anas, der Klient [des Clans] Taim, erzählt, daß sein Vater ihm erzählt habe, er habe den Abū Huraira sagen hören: Der Gesandte Gottes hat gesagt: „Wenn der Ramaḍān beginnt, werden die Tore des Himmels geöffnet, die Tore der Hölle (*Ǧahannam*) werden geschlossen und die Satane angekettet."

Schon die Verwendung des *isnād* selber wird nun zum Qualitätskriterium: nur eine vollständige Überliefererkette gilt als akzeptabel; die darin genannten Gewährsleute müssen nicht nur „vertrauenswürdig" (*ṯiqa*) sein, sie müssen auch von ihren Lebensumständen und -daten her als Lehrer bzw. Schüler miteinander in Kontakt gekommen sein können. Solche verfeinerten Kriterien wiederum machten es nötig, Informationen über diese Gewährsleute zu sammeln und deren lexikalisch geordnete Kurzbiogramme in den sogenannten „Männer-Büchern" (*kutub ar-riǧāl*) zusammenzutragen.

Ein halbes Dutzend Sammlungen von Ḥadīṯen sind uns aus der Zeit zwischen 750 und 850 – also aus dem ersten Jahrhundert des Bagdader Kalifats der Abbasiden – erhalten. Die früheste ist die des Mālik ibn Anas aus Medina (gest. 796), der *Muwaṭṭa'* (Der gebahnte Pfad); sie enthält etwa 1250 Einzelüberlieferungen und dient der nach Mālik benannten Rechtsschule (s. u. S. 44) als Grundlage. Die Sammlung des ʿAbdarrazzāq (gest. 826?) aus Ṣanʿā' im Jemen wurde erst spät wiederentdeckt und 1970–72 gedruckt; die des Bagdader Muʿtazilien-Gegners Aḥmad ibn Ḥanbal (gest. 855) mit fast 30000 Ḥadīṯen – ausgewählt aus angeblich 750000 – war dagegen seit eh und je das Referenzwerk der hanbalitischen Rechtsschule.

Die genannten Werke verzeichnen die Ḥadīṯe, die dem jeweiligen Autor bekannt waren und die er in theologischen oder juristischen Kontroversen oder auf Anfrage zu bestimmten Problemen in seiner Argumentation verwandte. Das wachsende Bedürfnis nach autoritativen Regelungen führte alsbald zu einer systematischen Sammlertätigkeit, die beim Herumreisen von Privatgelehrten zu den Zentren islamischer Gelehrsamkeit – Mekka und Medina, Basra, Kufa und Bagdad, Samarqand und Buchara – „auf der Suche nach Wissen" (*fī ṭalab al-ʿilm*) zusammengetragen wurden. So entstanden in der zweiten Hälfte des 9. Jahrhunderts sechs weitere Sammlungen, die bei den Sunniten bis heute kanonische Geltung haben, weil ihre Autoren besonders strenge Auswahlkriterien an die Überliefererketten angelegt haben.

Die beiden renommiertesten Sammlungen tragen daher jeweils den Titel „das Echte" (*aṣ-Ṣaḥīḥ*). Der Autor der einen, al-Buḫārī (810–870), stammte aus Buchara und starb in der Nähe von Samarqand; seine Reisen hatten ihn in den Irak, nach Mekka und Medina und bis nach Ägypten geführt. Sein *Ṣaḥīḥ*, die von den Sunniten am höchsten geschätzte Sammlung, umfaßt im modernen Druck vier Bände und enthält rund 7300 Ḥadīṯe (ausgewählt aus 90000); da aber häufig Varianten und Wiederholungen einunddesselben Ḥadīṯ vorkommen, sind es tatsächlich nur 2762. Der andere *Ṣaḥīḥ* ist der des Muslim (817–875) aus dem ostiranischen Naisābūr (nahe dem heutigen Maschhad).

Neben den „beiden Echten" (*aṣ-Ṣaḥīḥān*) rangieren die vier *Sunan* (Plural von *Sunna*, „Usus, Brauch, Gewohnheit"). Auch ihre Autoren stammen aus dem iranischen Osten: Ibn Māǧa (825–887) aus Qazvīn südlich des Kaspischen Meeres; Abū Dāwūd aus Siǧistān (Sīstān), der allerdings in Baṣra wirkte (817–889); at-Tirmiḏī aus Tirmiḏ (Termez) am Āmū Daryā (824–892), der Schüler des Abū Dāwūd; und an-Nasā'ī aus Nasā (Nisa) im heutigen Turkmenistan, der längere Zeit in Ägypten lebte und 915 in Damaskus starb.

Die in diesen sechs „kanonischen" Sammlungen zusammengetragenen tausende Ausprüche des Propheten Mohammed bilden ein Korpus, das in seinem Umfang den Koran um ein Vielfaches übertrifft; es umfaßt in den gängigen Ausgaben mehr als 7000 Druckseiten. Da schon früh das Handeln und Reden des Propheten als von Gott geleitet und inspiriert galt, erhielt das Ḥadīṯ einen für jeden Muslim verbindlichen Charakter: der Prophet ist der ideale Muslim, und wer sich so verhält wie er, verhält sich richtig. Für das alltägliche Leben des Muslims ist das Ḥadīṯ, obwohl es im Rang deutlich der Offenbarung des Koran nachgeordnet ist, sehr viel bedeutsamer als der Koran, der zwar auch gesetzliche Regelungen – etwa zur Erbteilung – enthält, aber nicht in so umfassender und detaillierter Weise Verhaltensvorschriften für den Alltag bietet wie die Prophetentraditionen. Der Koran schreibt z.B. dem Muslim zwar mehrfache tägliche Gebete (*ṣalāt*), nicht aber deren Zahl und praktische Ausführung vor; es ist ein Ḥadīṯ, das die Fünfzahl einführt, und Ḥadīṯe regeln die Einzelheiten der dem Gebet vorangehenden rituellen Waschung; Ḥadīṯe regeln auch die Bekleidungsvorschriften oder das hygienische Verhalten.

Für den Historiker ist die ungeheure Masse des Ḥadīṯ-Materials eine Herausforderung. Zum einen gibt das Textkorpus ein getreues, höchst detailliertes Bild vom Islam des 9. Jahrhunderts. Zum anderen stellt sich die Frage, inwieweit dieses Bild für die frühere Zeit, ja für die des Propheten selber gilt, der ja in allen beglaubigten Ḥadīṯen als die zentrale Figur und letzte Autorität fungiert. Die muslimischen Sammler selber waren sich der Tatsache bewußt, daß Ḥadīṯe in großer Zahl von interessierter – politischer, theologischer, juristischer – Seite in Umlauf gesetzt wurden, um die jeweils eigene Position zu untermauern; umlaufende Überlieferungen konnten – oft durch Einfügung eines einzigen Wortes – verändert oder verfälscht, ja ganze Ḥadīṯe neu erfunden werden. Ihre Sammlertätigkeit war ja die Antwort auf die Frage, welche Überlieferungen als echt und authentisch (*ṣaḥīḥ*) gelten konnten. Die moderne Ḥadīṯ-Forschung seit dem 19. Jahrhundert (Ignaz Goldziher, *Muhammedanische Studien*, Halle 1890) hat das Ḥadīṯ zunächst äußerst kritisch beurteilt; die neuere Forschung versucht vorsichtig, sich von der Zeit der Sammler ins erste Jahrhundert nach der Hiǧra vorzutasten und so das älteste Überlieferungsmaterial auszumachen – angesichts der Quellenlage für das erste Jahrhundert eine äußerst schwierig Aufgabe.

Für die (sunnitischen) Muslime selbst sind derartige Bemühungen meist ohne Bedeutung. Das in den sechs kanonischen Sammlungen – den beiden *Ṣaḥīḥ* und den vier *Sunan* – gesammelte Traditionskorpus ist neben dem Koran die ehrwürdige Überlieferung der islamischen Frühzeit, das Erbe der Urgemeinde, und damit für den einzelnen Muslim vorbildlich und verbindlich. (Für die Schiiten gelten dagegen andere Maßstäbe; s. u. S. 46 ff.)

Die Rechtsgelehrsamkeit (*fiqh*)

Wie wir gesehen haben, stammen zwei der ältesten Ḥadīṯ-Sammlungen von Männern, die als Gründerväter zweier Rechtsschulen gelten. Ḥadīṯ und Recht sind eng miteinander verflochten; die meisten Ḥadīṯe regeln (im weitesten Sinne) rechtliche Fragen, und bis heute ist das Ḥadīṯ eine der

Grundlagen der traditionellen islamischen Rechtsordnung (*šarīʿa*).

Die Rechtsprechung war eine der selbstverständlichen Prärogativen des Propheten und seiner Nachfolger, der Kalifen, als Häupter des politischen Gemeinwesens der *Umma* gewesen. Unter der Herrschaft der Umayyaden (661–750) existierte noch kein ausformuliertes islamisches Recht; der Richter (*qāḍī*) war ein Beamter, der wohl nach altarabischem Herkommen, gesundem Menschenverstand und sicher auch schon nach bestimmten islamischen Grundsätzen urteilen konnte. Das *qāḍī*-Amt war als weltliche Funktion bei den Frommen nicht geschätzt; die meisten religiösen Spezialisten weigerten sich, das Amt zu bekleiden und sich aus den unreinen Händen des Herrschers bezahlen zu lassen. Die Anfänge des islamischen Rechts entwickeln sich daher in den Kreisen frommer Privatgelehrter, oft fernab der tatsächlichen alltäglichen Rechtsprechung und als Kritik an dieser.

Das ändert sich nach der abbasidischen Revolution (750), unter den Bagdader Kalifen. Eine gegenseitige Annäherung findet statt: die Herrscher selber bedienen sich mehr und mehr des sich entwickelnden, religiös fundierten Rechts und seiner Träger, der frommen Privatgelehrten, und diese geben allmählich ihr Mißtrauen gegenüber den Machthabern auf, stellen sich in den Dienst des Kalifats und verhelfen so den von ihnen entwickelten Grundsätzen und Verfahren zu allgemeiner Geltung.

Im Irak wird erstmals faßbar, was man als Rechts„schule" bezeichnen könnte. Abū Ḥanīfa, der aus Kufa stammte und dort wirkte, aber 767 in Bagdad starb, gilt als ihr Gründervater, doch erst seine Schüler treten als Autoren hervor: Abū Yūsuf al-Kūfī (gest. 798) wurde der Freund und Berater des Kalifen Hārūn ar-Rašīd (786–809); der Kalif ernannte ihn zum Obersten Richter, der für die Ernennung aller Richter im Reich zuständig war. Für Hārūn verfaßte Abū Yūsuf das „Buch über die Erntesteuer" (*Kitāb al-ḫarāǧ*), den ältesten erhaltenen rein juristischen Text des Islam. Auch der andere Schüler Abū Ḥanīfas in Kufa, aš-Šaibānī (749–804), amtierte zeitweilig als Qāḍī, wirkte aber hauptsächlich als Theoretiker und als Lehrer eines Schülerkreises; er ist wohl der eigentliche Gründer der „Schule von Kufa", die man auch die „Anhänger der eigenen Meinung" (*ahl ar-ra'y*) nannte, da sie dem selbständigen Raisonnieren und Argumentieren einen beträchtlichen Platz einräumten.

Dagegen bezeichnete man die Schule von Medina als die „Anhänger der Tradition" (*ahl al-ḥadīṯ*). Fernab von den Zentren der politischen Macht, konnten die dortigen Gelehrten ihre rechtlichen Gepflogenheiten und Entscheidungen auf die lokale Gewohnheit gründen, die als der Usus (*sunna*) des Propheten und seiner Gefährten in zahllosen Ḥadīṯen überliefert war. Der schon erwähnte Mālik ibn Anas (ca. 711–796) gilt als Gründer dieser Schule, wenn wohl auch in diesem Fall die Generation seiner Schüler und Enkelschüler die Arbeit der Sammlung und Systematisierung des einschlägigen Ḥadīṯ-Materials bewältigt hat.

Die beiden Schulen der *ahl ar-ra'y* und der *ahl al-ḥadīṯ* wurden später nach den Gründervätern benannt, auf die sie sich beriefen: die erstere wurde die hanafitische, die zweite die mālikitische genannt. Das arabische Wort *maḏhab*, das wir mit „Schule" wiedergeben, bedeutet wörtlich „Weg" oder „Methode".

Heute ist der hanafitische *maḏhab* vor allem bei den Muslimen in der Türkei und in den zentralasiatischen Republiken der früheren Sowjetunion verbreitet. Durch einen Enkelschüler des Mālik, Saḥnūn (776–854), fand der mālikitische *maḏhab* 807 seinen Weg nach Kairuan im heutigen Tunesien und wurde zur allein herrschenden Schule in Nordafrika und im islamischen Spanien (al-Andalus); bis heute folgen die Muslime Nord- und Westafrikas diesem *maḏhab*.

Als Begründer der islamischen Rechtstheorie gilt der aus Palästina stammende Muḥammad ibn Idrīs aš-Šāfiʿī (767–820), der in Medina Schüler des Mālik gewesen war, aber auch in Bagdad studiert hatte. Er ließ sich dann in al-Fusṭāṭ (Alt-Kairo) nieder, wo er in der ʿAmr-Moschee lehrte; sein Mausoleum im Südosten von Kairo ist bis heute ein vielbesuchter

Wallfahrtsort. Šāfiʿīs Hauptwerke *ar-Risāla* („Das Sendschreiben" oder „Der Traktat") und *Kitāb al-Umm* („Das Grundwerk"; wörtlich: „Das Mutterbuch") bilden die Fundamente der islamischen Rechtstheorie (*uṣūl al-fiqh*, „Wurzeln der Jurisprudenz"). In einer Synthese der medinensischen und der kufischen Schule, mit denen beiden er sich kritisch auseinandersetzte, suchte Šāfiʿī erstmals generelle Prinzipien der Rechtsfindung für den Islam zu formulieren. Neben dem Koran und der Sunna – also dem Ḥadīṯ – anerkannte er vor allem zwei weitere Pfeiler, auf denen das Gebäude der islamischen Rechtsordnung, der *šarīʿa*, ruhe: der Analogieschluß (*qiyās*), der bereits geltende Regelungen auf neu auftretende, aber analoge Fälle überträgt, und den Konsens (*iğmāʿ*) der islamischen Gesamtgemeinde (*umma*), die als Ganze nicht irren könne. Šāfiʿīs Lehre hat weit über die Grenzen seines eigenen *maḏhab*, des schafiitischen, hinaus gewirkt. Seine Schule im engeren Sinne war lange Zeit in Ägypten und Syrien vorherrschend und verbreitete sich über ganz Iran, verlor aber aufgrund politischer Entwicklungen dort ihre führende Rolle wieder; dafür gewann sie Anhänger rund um den Indischen Ozean: in Indien, Indonesien und im islamischen Ostafrika.

Als vierter sunnitischer *maḏhab* konnte sich die Schule des konservativen Ḥadīṯ-Gelehrten Aḥmad ibn Ḥanbal (gest. 855) etablieren, die Ende des 18. Jahrhunderts auf der Arabischen Halbinsel zum Fundament der Reformbewegung der Wahhābiten und der saudischen Monarchie wurde; bis heute ist die hanbalitische Schule in Saudi-Arabien maßgebend.

Trotz zahlreicher Differenzen in rechtlichen und rituellen Fragen anerkennen die vier Schulen einander doch als rechtgläubig und respektieren sich gegenseitig als „die Leute der Tradition und der Gemeinschaft" (*ahl as-sunna wal-ğamāʿa*), kurz: als Sunniten. Die Schiiten (s. u. S. 46 ff.) betrachten ihre Lehre als einen eigenen *maḏhab*, den sie nach ihrem sechsten Imam, Ğaʿfar aṣ-Ṣādiq, den ğaʿfaritischen nennen. Auf schiitischer wie auf sunnitischer Seite gibt es Bestrebungen, alle fünf Schulen als gleichberechtigt anzuerkennen; allerdings erheben immer wieder Eiferer beider Seiten dagegen Einspruch.

Die Schiiten

Die Spaltung der islamischen *umma* in Sunniten und Schiiten hat ursprünglich politische Gründe. In den blutigen Konflikten um das Kalifat, d.h. die Nachfolge des Propheten, hatte sich 661 der Clan der Umayya durchgesetzt, der ursprünglich zu den erbitterten Gegnern des Propheten gehört hatte. Ihnen unterlag der vierte Kalif ʿAlī, der Vetter und Schwiegersohn Mohammeds, der einer der ersten Muslime überhaupt gewesen war. Mit ihm wurde die Familie des Propheten (*ahl al-bait*; die „Leute des Hauses") von der politischen Macht verdrängt. Um deren Angehörige, vor allem um ʿAlīs jüngeren Sohn, den Prophetenenkel al-Ḥusain (626–680), bildete sich eine Partei (*šīʿa*), die den Anspruch der Nachkommen ʿAlīs – und damit des Propheten – verfocht. Als der erste Umayyadenkalif Muʿāwiya seinem Sohn Yazīd als künftigem Nachfolger huldigen ließ und damit das Kalifat erblich machte, begab sich al-Ḥusain aus Medina nach dem Irak, um mit Hilfe der dortigen Anhänger seines Vaters – also der Schiiten – sich die Nachfolge zu erkämpfen. Da man ihn nicht in die Provinzhauptstadt Kufa hineinließ, wandte er sich mit seiner Familie und einer Handvoll Gefährten nach Norden; bei dem Ort Kerbelā' am Euphrat fiel er in einem Gefecht mit den ihn beschattenden Regierungstruppen, und mit ihm kamen fast alle männlichen Begleiter zu Tode; nur ein Sohn überlebte.

Das Massaker von Kerbelā' 680, bei dem ein Enkel des Propheten von Muslimen ermordet worden war, ist der Kristallisationspunkt der schiitischen Religiosität, die von einem starken Passions- und Märtyrerkult geprägt ist. Die Bewegung der „Büßer" (*tawwābūn*), die sich 684 aus dem ganzen Irak am Grab al-Ḥusains in Kerbelā' versammelten, um den Tod ihres Imams zu beweinen, ihre eigene Mitschuld an seinem Untergang – sie hatten ihn schmächlich im Stich gelassen – zu bereuen und dann den Sühnetod in einem aussichtslosen Gefecht gegen die Regierungstruppen zu suchen, markiert die Anfänge der Schia als religiöser Strömung. Ihre Hochburg war und blieb die arabische Metropole Kufa am Euphrat; später kam deren Tochterstadt, das von kufischen Kolonisten neubesiedelte Qom (Ghom) südlich des heutigen Teheran hinzu. Die Schia ist in ihren Anfängen ein irakisches Phänomen, und in ihren Riten und Bräuchen scheint eine ganze Menge altmesopotamischer Überlieferungen weiterzuleben. Nach Iran verbreitete sich das Schiitentum zwar sehr rasch, blieb aber jahrhundertelang in der Minderheit; erst im 16. Jahrhundert sollte eine schiitische Dynastie, die Safaviden, mit der systematischen Schiitisierung Irans beginnen.

Als oppositionelle Minderheit hielt die Schia an der Nachfolge der „Leute des Hauses" fest: Mohammeds Vetter und Schwiegersohn, vom Propheten selbst am Teich von Ḫumm als Nachfolger designiert, galt als der einzige rechtmäßige Nachfolger (*ḫalīfa*) und das gottgewollte Oberhaupt (*imām*) der Gemeinde; ʿAlīs rechtmäßige Erben waren seine Söhne al-Ḥasan und al-Ḥusain (als zweiter und dritter Imam), dann al-Ḥusains Sohn ʿAlī, der das Massaker von Kerbelā' überlebt hatte, und dann dessen leibliche Nachkommen. Der sechste Imam Ǧaʿfar aṣ-Ṣādiq (gest. 765 in Medina) als Namengeber der ǧaʿfaritischen (schiitischen) Rechtsschule wurde schon erwähnt. Sein Sohn, der siebte Imam Mūsā al-Kāẓim, wurde 793 vom Kalifen Hārūn ar-Rašīd als gefährlicher Prätendent in den Irak deportiert und in Bagdad interniert, wo er 799 starb. Alle weiteren Imame wurden von den herrschenden Abbasiden in einer Art ehrenvoller Haft gehalten; nach schiitischer Tradition gelten sie als Märtyrer, denn es hieß, sie seien allesamt ermordet worden. Ihre Gräber in Medina, im Irak und in Iran wurden zu schiitischen Wallfahrtsstätten, die im Laufe der Jahrhunderte zu prächtigen, mit reichen Stiftungen ausgestatteten Baukomplexen ausgebaut wurden: ʿAlīs Grab liegt in an-Naǧaf (Nedjef) bei Kufa, al-Ḥusains Grab an der Stätte seines Martyriums in Kerbelā'; der siebte und der neunte Imam werden in ihrem Doppelmausoleum in al-Kāẓimīya, einer nördlichen Vorstadt von Bagdad, verehrt; der achte Imam ʿAlī ar-Riḍā (persisch ʿAlī Reẓā) starb in Ostiran, wo aus seinem Märtyrerschrein (*mašhad*) die Stadt Meschhed erwuchs. Der zehnte und der elfte Imam sind in der Palaststadt

Sāmarrā am Tigris bestattet, wo sie in Haft gehalten worden waren. Die Gräber des zweiten, vierten, fünften und sechsten Imams in Medina wurden 1804 bei der Eroberung der Stadt durch die wahhabitischen Saudis zerstört.

In Sāmarrā spielten sich nach schiitischer Tradition auch die Ereignisse ab, die dem schiitischen Islam eine entscheidende Wende gaben: als der elfte Imam al-Ḥasan al-ʿAskarī Ende 873 oder Anfang 874 starb, hinterließ er offenbar keinen Sohn; damit schien die Reihe der Imame abgerissen. Nach einer Phase der Verwirrung setzt sich schließlich der Glaube durch, ein zwölfter Imam – mit dem Namen Muḥammad, wie der Prophet – sei von seinem Vater versteckt worden, um ihn den Verfolgungen der Kalifen von Bagdad zu entziehen; dieser zwölfte, verborgene Imam werde eines Tages als der „Rechtgeleitete" (*mahdī*) erscheinen, um die irregeleiteten Muslime wieder unter dem Banner des wahren Islam zu vereinigen. Für die Dauer der Abwesenheit des Verborgenen Imams tritt das Kollektiv der schiitischen Rechtsgelehrten stellvertretend an seine Stelle; die in der Revolution von 1979 entstandene Islamische Republik Iran versteht sich, laut ihrer Verfassung, als Provisorium, das beim Erscheinen des wahren Souveräns, des Verborgenen Imams oder Mahdi, weichen muß. Der Glaube an die verheißene Wiederkunft des Mahdi, der irgendwo auf der Erde lebt, ohne zu altern, der also ständig präsent ist, war über Jahrhunderte das stärkste Bindemittel der vielfachen Pressionen und Verfolgungen ausgesetzten Schiiten, die in ihren Klageprozessionen, Passionsspielen und Selbstgeißelungsriten ein starkes Gefühl der Martyriumsbereitschaft und der Selbstaufopferung kultivieren.

Im 10. Jahrhundert hat sich die Situation der Schiiten beträchtlich gebessert, da in Ost und West schiitische Dynastien an die Macht kamen; man hat die Zeit von der Mitte des 10. bis zur Mitte des 11. Jahrhundert sogar als „schiitisches Jahrhundert" bezeichnet. In Bagdad schwangen sich Heerführer iranischer Herkunft, die Buyiden, zu Schutzherren der Kalifen auf (945–1055) und protegierten die Schiiten, deren religiöse Literatur in diesem Zeitraum einen Höhepunkt erreichte; damals entstanden die „Vier Bücher“, in denen drei Autoren Aussprüche der zwölf Imame gesammelt haben: al-Kulainī (gest. um 940), Ibn Bābōye al-Qummī (ca. 918–991) und aṭ-Ṭūsī (995–1067). Diese Vier Bücher haben für die Schiiten eine ähnliche Bedeutung wie die sechs kanonischen Ḥadīṯ-Sammlungen für die Sunniten (s. o. S. 40f.).

Im Maghreb entstand 909 das Reich der Fatimiden, einer Familie, die ihre Herkunft auf Ismāʿīl, einen Sohn des sechsten Imams Ǧaʿfar aṣ-Ṣādiq, zurückführte (Ismailiten); mit der Gründung von Kairo 969 und der Inbesitznahme von Palästina/Syrien bis zum Euphrat machten sie ihre ismailitische Sonderform der Schia zur offiziellen Doktrin eines mächtigen Imperiums (bis 1171).

Weltliche Herrschaft: Das Sultanat

Im Jahre 1055 zogen die aus Zentralasien nach Iran eingedrungenen Türken unter ihrem Herrscher Togril Bek aus der Familie Seldschuk in Bagdad ein. Der Kalif al-Qā'im war gezwungen, den Türken als „Sultan des Ostens und Westens“ anzuerkennen und ihm die Führung der Staatsgeschäfte zu überlassen. Damit beginnt das Sultanat der Groß-Seldschuken, das sich von Zentralasien und Afghanistan über ganz Iran und Irak erstreckte und nach dem Sieg über den byzantinischen Kaiser Romanos IV. Diogenes 1071 bei Mantzikert (nördlich des Van-Sees) auch Kleinasien (Anatolien) in den Machtbereich des Islam brachte – die erste bedeutende kriegerische Eroberung seit dem Stillstand der Expansion des Kalifenreiches im 8. Jahrhundert.

Die Einwanderung der Türken in die Länder des Islam und ihre Islamisierung bedeutet einen Einschnitt in der Geschichte des Islam. Nicht nur bekommt die Expansion auf Kosten des Byzantinischen Reiches einen neuen Schub; auch im Inneren vollziehen sich bedeutsame Wandlungen, sowohl im sozialen Gefüge als auch in der Organisation der Herrschaft. Die Seldschuken-Herrscher konnten keinerlei religiöses Prestige beanspruchen; nach den Vorstellungen der kultivierten Araber und

Perser jener Zeit waren sie noch Halbwilde. Ihre faktische Macht mußte daher vom Kalifen – der selber völlig machtlos geworden war – legitimiert werden. Dazu diente der Titel *Sulṭān*, eigentlich ein Abstraktum, das „Macht" oder „Herrschaft" bedeutet. Der Titel war bereits von dem ostiranischen Herrscher Maḥmūd von Ġazna (999–1030) angenommen worden; von nun an wird er offiziell zur Bezeichnung für einen nicht religiös legitimierten, nominell als Vertreter des Kalifen regierenden Herrscher verwendet. In Ägypten führt ihn erstmals Ṣalāḥ ad-dīn (Saladin, 1169–1193), der in Kairo das schiitische Gegenkalifat der Fatimiden stürzt und den Kalifen von Bagdad wieder anerkennt.

Einer landläufigen Ansicht zufolge, die von vielen Muslimen geteilt wird, ist im Islam eine Trennung von „weltlicher" und „geistlicher" Sphäre nicht vorhanden, ja gar nicht möglich. Doch sollte man mit solchem Urteil vorsichtig sein. Richtig ist, daß die scharfe begriffliche Trennung, die in der christlichen Welt von Anbeginn an eine Rolle spielt, im Islam fehlt. Das bedeutet jedoch nicht, daß es sie der Sache nach nicht gebe oder etwa gar nicht geben könne. Schon in der formalen Delegation der Regierungsgeschäfte vom Kalifen an den Sultan liegt ein Element der Scheidung beider Sphären, wenn es auch selbstverständlich bleibt, daß der Sultan ein Muslim sein muß. Ein weiteres Element ist in der Tatsache zu sehen, daß die Obhut und der Ausbau des religiösen Erbes inzwischen längst auf einen bestimmten Berufsstand von religiösen Experten, die Gelehrten (*ʿulamāʾ*), übergegangen waren. Diese wiederum redeten im allgemeinen dem Herrscher in sein Handwerk des Regierens (*siyāsa*) nicht hinein, so daß der Sultan über einen gewissen Freiraum verfügte, innerhalb dessen er praktische Anordungen – bis hin zu Strafen für Staatsfeinde – erlassen konnte. Die gelehrte Theorie hat diese politische und administrative Anordnungsbefugnis des Sultans indessen nie als Gesetzgebungsgewalt im eigentlichen Sinne anerkannt; Gesetzgeber blieb nach der Theorie immer Gott allein, und so wurden denn die Erlasse und Gesetzessammlungen etwa der osmanischen Sultane nicht als Teil des geoffenbarten Religionsgesetzes (*šarīʿa*) angesehen, sondern als bloße Richtlinie (*qānūn*, vom griechischen *kanon*). Daß es sich *de facto* dabei um weltliche Gesetzgebung handelte, blieb verschleiert. Ganz wesentliche Bereiche der sozio-ökonomischen Ordnung der islamischen Staatswesen blieben so der *šarīʿa* und ihren gelehrten Hütern entzogen; etwa das ökonomisch höchst bedeutsame Zollwesen, oder die für die militärische, soziale und wirtschaftliche Entwicklung des Vorderen Orients eminent wichtige Institution des Militärlehens (*iqṭāʿ*), das die muslimischen Eliten vom 12. bis ins 19. Jahrhundert alimentiert hat. Somit gab es auf der staatlichen Ebene immer weite Gebiete, die gewissermaßen *šarīʿa*-frei blieben und als rein weltliche Domänen des Herrschers galten, auch wenn die fromme Theorie das nicht wahrhaben will.

Nach dem Vordringen der Türken im 11. Jahrhundert erlebte die islamische Welt im 13. Jahrhundert eine erneute Invasion, die aus Zentralasien über Iran, Irak und Syrien hereinbrach, die der Mongolen. 1258 eroberte Hülägü, ein Enkel Tschingis Khans, Bagdad und ließ den letzten Kalifen der Abbasiden-Dynastie, al-Mustaʿṣim, töten. Nordsyrien und Anatolien wurden dem mongolischen Großreich einverleibt; nur Ägypten unter den Mamluken-Sultanen konnte sich behaupten; 1260 schlugen die Mamluken die Mongolen bei der Goliathsquelle (*ʿAin Ǧālūt*) nördlich von Jerusalem. Die mongolischen Teilherrscher von Iran nahmen den Islam an, so daß das mongolische Reich der Ilḫāne (1256–1336) ein Teil der islamischen Welt blieb; das gilt auch für den Nachfolgestaat der „Tataren“ (*Ṭaṭar* = Mongole) der Goldenen Horde an der Wolga.

Die Mystik (*taṣawwuf*)

In der Zeit der Mongolenherrschaft erlebte die islamische Mystik einen großen Aufschwung. Asketische und mystische Bestrebungen einzelner Frommer hat es natürlich schon viel früher gegeben; genannt seien nur der Bagdader al-Ǧunaid (st. 909), der als einer der ersten zwischen dem Gesetz (*šarīʿa*) und der hinter deren äußerlichen Geboten und Verboten verborgenen Wahrheit (*ḥaqīqa*) unterschied, und sein Schüler, der als Ketzer hingerichtete al-Ḥallāǧ (858–922). Der Mystiker ist der „Arme“ schlechthin (arabisch *faqīr*, persisch *darvīš*); nach seiner Kutte aus Wolle (*ṣūf*) wird er als Ṣūfī bezeichnet, das mystische Streben als *taṣauwuf* (etwa: das Sich-in-Wolle-kleiden).

Ziel der islamischen Mystik ist es, eine hinter den Vorschriften der *šarīʿa* liegende tiefere Erkenntnis zu gewinnen, ja zur Gottesschau oder gar zur Vereinigung mit Gott zu gelangen; eine Vernachlässigung, gelegentlich sogar eine Geringschätzung der *šarīʿa* ist daher für die meisten Mystiker kennzeichnend. Dieser Weg ist nur dem Einzelnen unter der Anleitung eines erfahrenen Meisters (arabisch *šaiḫ*, persisch *pīr*) möglich; dieses persönliche Lehrer-Schüler-Verhältnis ist für alle islamische Mystik kennzeichnend. In der Mongolenzeit nun verfestigen sich die Schülerzirkel einzelner Meister zu ordensartigen Organisationen, die meist als Derwischorden bezeichnet werden; der arabische Terminus für einen solchen „Orden“ ist *ṭarīqa* (wörtlich: Weg; Plural *turuq*); die Konvente, in denen sie sich zu regelmäßigen Seancen treffen, werden mit einem persischen Wort als *ḫānqāh* bezeichnet (türkisch *tekke*). Kennzeichnend für die mystische Praxis ist vor allem das „Gedenken“ (*ḏikr*) an Gott, das in der endlosen Wiederholung des Gottesnamens oder bestimmter Formeln, begleitet von rhythmischen Körperbewegungen, besteht.

Der Orden der Qādiriyya beruft sich auf ʿAbdalqādir al-Ǧīlānī (1077–1166), dessen Grab in Bagdad bis heute verehrt wird. Der Orden der Maulawiyya (türkisch *Mevleviyye*) mit dem Zentrum im türkischen Konya geht auf den Mystiker und bedeutenden Dichter (in persischer Sprache) Maulānā Ǧalāladdīn Rūmī (1207–1273) zurück; die Mevlevis sind auch als „tanzende Derwische“ bekannt, weil sie sich durch Flötenmusik und Tanz in Ekstase versetzen. In Zentralasien entstand der Orden der Naqšbandiyya (türkisch *Nakşibendiyye*), dessen Gründer Bahāʾaddīn an-Naqšbandī 1389 starb; der sunnitische Orden ist heute in der gesamten islamischen Welt aktiv. In Nordafrika wie auch südlich der Sahara sind Derwischorden oft die Verbreiter des Islam in bis dahin heidnischen Gebieten gewesen; erwähnt seinen nur die libysche Sanūsiyya (Senoussis), benannt nach dem Asketen Muḥammad as-Sanūsī (1787–1859), und die algerisch-marokkanische Tīǧāniyya, gegründet von Aḥmad at-Tīǧānī (gest. 1815). Die Derwischorden oder *ṭuruq* und ihre Versammlungshäuser bilden den Rahmen für ein intensives, sich meist im Verborgenen abspielenden religiöses Leben, vor allem der kleinen Handwerker und Händler der Städte der islamischen Welt, aber auch im ländlichen Milieu; im Sudan, im Kaukasus oder in Zentralasien sind sie die vorherrschende Form des religiösen Lebens.

Eng verknüpft mit der Religiosität der *ṭuruq* ist die Verehrung von Heiligen. Alle Ordensgründer und viele ihrer Nachfolger werden als Heilige verehrt; ihre oft prächtig ausgestatteten, von Kuppelbauten überwölbten Gräber sind das Ziel von „Besuchen" (*ziyārāt*), die der Muslim allerdings sorgfältig von der Pilgerfahrt nach Mekka, dem *ḥaǧǧ*, unterscheidet. Die arabische Bezeichnung für den „Heiligen" ist *walī Allāh*, „der Gott nahe steht" oder kurz *walī*; ihm werden im Volksglauben Wunder zugeschrieben, und seine Grabstätte verströmt heilbringenden Segen (*baraka*). Oft ist die Grabstätte über viele Generationen im Besitz seiner Nachkommen, die aus dem Pilgerbesuch Gewinn ziehen. In Nordafrika wird das Kuppelgrab des Heiligen als *marbūṭ* (im Französischen verballhornt zu *marabout*) bezeichnet. Die Zulässigkeit der Heiligenverehrung ist umstritten; strenge Anhänger der *šarīʿa* halten sie für eine ketzerische, unislamische Neuerung; die saudischen Wahhabiten etwa haben daher die Grabstätten der schiitischen Imame in Medina und im Irak zerstört.

Die islamische Welt in der Neuzeit

Seit dem 16. Jahrhundert war der größte Teil der islamische Welt unter drei Imperien aufgeteilt: das Moghul-Reich auf dem indischen Subkontinent (seit 1504), das Reich der Ṣafaviden in Iran (seit 1501), und das Reich der türkischen Osmanen-

Sultane von Konstantinopel, zu dem neben Kleinasien und dem Balkan seit 1516 auch Syrien/Palästina und Ägypten und später der größte Teil Nordafrikas gehörten. Das Moghul-Reich, das sich auf die Tradition Tschingis-Khans berief (*Moġol* = Mongole), wurde seit dem 18. Jahrhundert von den Briten Schritt für Schritt übernommen. Unter den Ṣafaviden (1501–1732), die den altpersischen – also ganz unislamischen – Königstitel *šāh* führten, wurde in Iran systematisch das schiitische Bekenntnis durchgesetzt. Im Westen erweiterten die Osmanen ihren zunächst um das Marmara-Meer zentrierten Machtbereich zum letzten großen Mittelmeerimperium; für drei Jahrhunderte kam die ganze arabische Welt – von Zentralarabien abgesehen – unter türkische Herrschaft. Für die Europäer wurden die Herrscher dieser drei Großreiche – der „Groß-Moghul", der „Groß-Sephi" und der „Groß-Türke" – zu den Repräsentanten des Islam schlechthin.

Für Araber und Türken war das Osmanische Reich der letzte islamische Staat. Der Herrscher trug den Sultanstitel, führte aber seit dem 18. Jahrhundert auch den Titel des Kalifen, also des Nachfolgers des Propheten, um seinen Anspruch als religiöses Oberhaupt aller Muslime zu bekräftigen. Die Wiederaufnahme des Titels, die weder eine genealogische noch eine religiöse Legitimation besaß, hatte rein außenpolitische Gründe: da der russische Zar auf dem Balkan als Schutzherr der orthodoxen Christenheit auftrat, warf sich der Sultan zum Oberhaupt der unter russischer Herrschaft lebenden Muslime auf. Gleichwohl hatte die Annahme des Kalifentitels eine integrierende Wirkung: die sunnitischen Muslime zwischen dem Persischen Golf und dem Atlantik konnten sich unter einem rechtmäßigen Stellvertreter des Propheten vereinigt fühlen. Der Sultan/Kalif amtierte als Schutzherr der Heiligen Stätten in Mekka und Medina und organisierte die Wallfahrten dorthin, so wie es früher die Kalifen von Bagdad oder die Fatimiden von Kairo getan hatten, und erwies sich damit als der rechtmäßige Nachfolger Mohammeds.

Die Auflösung des Osmanischen Reiches nach dem Ersten Weltkrieg machte auch der letzten islamischen Dynastie ein

Ende. Mit der Ausrufung der Republik Türkei durch Kemal Atatürk endete 1923 das Sultanat; ein halbes Jahr später wurde auch das Kalifat, das man zunächst als rein geistliches Amt hatte bestehen lassen, beseitigt. Seit dem 3. März 1924 ist die islamische *umma* also ohne Oberhaupt.

Mit der Aufteilung der arabischen Provinzen des Osmanischen Reiches in britische oder französische Mandatsgebiete erreichte die europäische Kolonialherrschaft über die islamische Welt ihren Höhepunkt. Der Kolonialismus war eine der folgenschwersten Erfahrungen der muslimischen Völker. Fremdherrschaft, Einbindung in den Welthandel und Modernisierung sind unlösbar miteinander verknüpfte Prozesse, die in den islamischen Gesellschaften unumkehrbare Entwicklungen in Gang gesetzt haben. Man läßt diese Epoche gewöhnlich mit der Landung der französischen Revolutionsarmee unter Bonaparte in Ägypten 1798 beginnen. In Wirklichkeit hat der Prozeß schon dreihundert Jahre früher eingesetzt: seit 1498 errichteten die Portugiesen ihr Kolonialreich am Indischen Ozean, 1552 eroberte Zar Iwan der Schreckliche die Tatarenhauptstadt Kasan an der Wolga und wenig später Astrachan im Wolga-Delta; damit begann die russische Expansion nach Zentralasien. 1612 ließ sich die britische Ostindische Kompanie in Indien nieder; 1757 besiegte ihre Armee den Herrscher von Bengalen, und 1765 mußte der Moghul-Kaiser ihr die Steuerverwaltung in ganz Nordost-Indien überlassen; damit begann ein Prozeß, der im 19. Jahrhundert zur Eingliederung des gesamten Subkontinents in das britische Empire führen sollte.

Die französische Kolonialherrschaft begann in Algerien 1830, in Tunesien 1881; die britische in Ägypten 1882. 1907 teilten Russen und Briten in einem Geheimvertrag Iran in Einflußzonen auf; 1911 besetzten die Italiener Libyen, 1912 machte Frankreich Marokko zu seinem Protektorat. Die Aufteilung der arabischen Provinzen des Osmanischen Reiches nach dem 1. Weltkrieg und die Errichtung von britischen Mandatsgebieten in Palästina, Transjordanien und Irak und von französischen im Libanon und in Syrien sowie die Gründung des Staates Israel 1948 markierten den Höhepunkt des fremden Einflusses auf die islamische Welt.

Man muß sich vor Augen halten, daß fast die gesamte muslimische Bevölkerung der Erde für kürzere oder längere Zeit unter die direkte oder indirekte Herrschaft und den massiven Einfluß der Europäer gekommen ist und daß diese Fremdherrschaft tiefe Spuren im Bewußtsein der Muslime hinterlassen hat; man sollte sich nicht wundern, daß antiwestliche Ressentiments – anti-britische (seit 1948 abgelöst vor allem durch anti-amerikanische) sowie anti-russische im Kaukasus und in Zentralasien – noch immer mobilisiert werden können und vor allem im Zusammenhang mit islamischen Erneuerungsbewegungen oder Befreiungskämpfen virulent werden. Hingegen war die historische islamische Herrschaft in Europa nur partiell und ist auf der Iberischen Halbinsel und auf Sizilien ganz, auf dem Balkan fast ganz verschwunden. Dafür sieht sich Europa seit der Entkolonialisierung in der zweiten Hälfte des 20. Jahrhunderts dem Phänomen der Arbeitsmigration gegenüber, das Millionen von Muslimen, vor allem aus Nordafrika, der Türkei und vom indischen Subkontinent, in die Länder West- und Mitteleuropas gebracht hat. Dadurch werden nicht nur die aufnehmenden Länder mit einer bisher unbekannten und ungewohnten muslimischen Minderheit konfrontiert, sondern auch die Muslime selbst erfahren plötzlich die schwierige Situation, in einer nichtmuslimischen Umgebung leben zu müssen. Davon soll am Ende dieses Buches die Rede sein.

II. Teil
Der Islam im Alltag

Das Fehlen des islamischen Staates und einer islamischen „Kirche“

Zu den wesentlichen Kennzeichen des heutigen Islam gehören die beiden Tatsachen, daß es den islamischen Staat nicht mehr gibt (von einzelnen Versuchen, einen solchen wiederzuerrichten, abgesehen) und daß es eine umfassende Organisation der islamischen Glaubensgemeinschaft – also so etwas wie eine islamische „Kirche“ – nie gegeben hat. Die in Europa weitverbreitete Vorstellung (oder Befürchtung), hinter den mannigfachen islamischen Aktivitäten in aller Welt stehe eine mächtige Organisation, die alles nach einem zentralen Willen und in eine bestimmte Richtung lenke, ist unzutreffend.

Der Islam ist zusammen mit einem Staat entstanden, dem arabischen Kalifat, und hat sich durch die imperiale Expansion dieses Staates über weite Teile der Alten Welt ausgebreitet. Die Träger und Lenker dieses Staates waren von Anfang an Muslime. Der Islam hat sich also nicht – wie das Christentum – erst gegen den Staat durchsetzen müssen, in dem er entstanden ist, und konnte sich – zumindest in den Anfängen – durchaus als mit ihm identisch fühlen. Diese Sicherheit wurde brüchig, als das Kalifat im 8. Jahrhundert von den Rändern her abzubröckeln begann, als selbständige Staaten entstanden und Kriege zwischen islamischen Mächten so selbstverständlich wurden wie die zwischen christlichen Reichen. Im ersten Teil dieses Buches wurde darauf hingewisen, daß staatliche und religiöse Interessen auch in der islamischen Welt durchaus divergieren konnten und können und daß weite Bereiche des staatlichen und sozialen Lebens die gewissermaßen weltliche Domäne des Herrschers blieben. Der vielzitierte Slogan „Der Islam ist eine Religion und ein Staat“ (*al-Islām dīn wadaula*) ist also ein ideologisches Postulat, aber keine Beschreibung der historischen Wirklichkeit. Dennoch waren die vormodernen Staaten der islamischen Welt in dem Sinne islamisch, daß der Islam die herrschende Religion und die Muslime die rechtlich privilegierte Bevölkerungsgruppe waren, während die Nichtmuslime als *ḏimmī*'s zwar den Schutz des islamischen Staates – einschließlich Religionsfreiheit – genossen, ansonsten aber eindeutig Untertanen zweiter Klasse waren.

Das Schwinden des islamischen Charakters des Staates läßt sich am besten am Beispiel des Osmanischen Reiches demonstrieren, dessen Herrscher, der Sultan, ja zugleich den Titel des Kalifen – also des „Nachfolgers" des Propheten Mohammed – führte. Schon in der Reformurkunde von 1839, dem von Sultan Abdülmecid proklamierten *Ḫaṭṭ-i Šerīf* von Gülhane, wurde allen Untertanen, gleich welcher Religion, das volle Bürgerrecht garantiert. Die folgende Reformepoche der *Tanzimat* setzte einen großen Teil der verkündeten Prinzipien in die Tat um: 1856 eröffnete ein neuer Erlaß des Sultans auch den Nichtmuslimen den Weg zu allen Zivilämtern sowie zum Militärdienst; bisher war der Dienst mit der Waffe ein Privileg der Muslime gewesen. Moderne Gesetze nach europäischem Vorbild setzten weite Gebiete der traditionellen *šarī'a* außer Kraft; die Einführung eines modernen Schul- und Universitätswesens brach das Bildungsmonopol der Religionsgelehrten. Zwar war in der 1876 geschaffenen Verfassung des Osmanischen Reiches der Islam noch als Staatsreligion verankert und der Sultan als Kalif bestätigt, doch waren die Angehörigen aller Religionen rechtlich gleichgestellt. Das Regime der Jungtürken (1909–1918) und danach die von Kemal Atatürk geschaffene Republik führten die Reformen zu Ende: 1924 schaffte die türkische Nationalversammlung das Kalifat ab, 1928 verlor der Islam seine Rolle als Staatsreligion; 1937 wurde das Prinzip des Laizismus in der Verfassung verankert. In anderen Ländern der islamischen Welt wurden ähnliche Prozesse entweder durch einheimische Potentaten wie Reza Schah in Iran (1925–1941), durch die Kolonialmächte oder durch nachkoloniale revolutionäre Regime (Algerien, Libyen, Ägypten, Syrien, Irak, Südjemen) vorangetrieben; in der arabischen Welt setzte sich bis Ende der sechziger Jahre ein sozialistisch gefärbter arabischer Nationalismus als herrschende politische Ideologie durch und drängte den Islam völlig in den Hintergrund.

Dieser Prozeß des Schwindens des islamischen Charakters und der Säkularisierung des Staates ist in den einzelnen National- und Territorialstaaten Nordafrikas und des Nahen Ostens unterschiedlich weit fortgeschritten. In einigen Ländern ist er auch – aufgrund jüngster ideologischer Entwicklungen – rückläufig, doch wird er sich auf die Dauer wohl kaum zurückdrehen lassen.

Das zweite Kennzeichen des modernen Islam, das Fehlen einer umfassenden religiösen Organisation, einer islamischen „Kirche“, hat sich beim Verschwinden des islamischen Staates keineswegs als gravierender Mangel erwiesen. Wer in christlichen Traditionen aufgewachsen ist, kann sich die Existenz einer weltumspannenden Glaubensgemeinschaft ohne eine umfassende Organisationsform gar nicht vorstellen. Der Islam hat sich aber tatsächlich ohne eine solche kirchenähnliche Organisation auch da behaupten können, wo er nicht den Schutz und die Fürsorge islamischer Herrscher genoß. Der Grund dafür sind eine sehr präzise ausformulierte, nahezu anderthalb Jahrtausende alte religiöse Tradition und vor allem die Existenz eines Berufsstandes, der die Wahrung dieser Tradition übernommen hat und für ihre Verankerung im Alltag der Muslime Sorge trägt.

Im folgenden sollen nun zunächst die Grundpflichten des Muslims betrachtet werden, die wegen ihres hohen Alters allen Muslimen – unabhängig von ihrem Bekenntnis – gemeinsam sind, auch wenn in Einzelheiten Unterschiede der Interpretation oder der Praxis bei den verschiedenen muslimischen Gruppierungen auftreten können. Bei Gruppierungen, die zwar historisch aus dem Islam hervorgegangen sind, sich aber von diesen religiösen Grundprinzipien und zentralen Riten gelöst haben, kann man darüber streiten – und streitet man darüber –, ob sie noch als Muslime bezeichnet werden können.

Die fünf Säulen (*arkān*) des Islam

1. *Das Glaubensbekenntnis*

Die fünf Grundpflichten des Islam werden als seine „Säulen" (*arkān*, Sing. *rukn*) bezeichnet. Die erste davon ist das Glaubensbekenntnis, das „Zeugnis" (*šahāda*): „Ich bezeuge, daß es keine Gottheit außer Gott gibt und daß Mohammed der Gesandte Gottes ist". Mit dieser zweiteiligen Formel bekennt sich der Muslim zum absoluten Monotheismus und zur prophetischen Sendung Mohammeds; damit wird zugleich der von Mohammed hinterlassene Koran als offenbartes Wort Gottes anerkannt.

Gott heißt arabisch *Allāh* (kontrahiert aus *al-ilāh*, „die Gottheit"). Es handelt sich also nicht um einen Eigennamen (wie Zeus oder Shiva), sondern um ein Appellativ (wie Deus/Dieu) und ist daher mit *Gott* zu übersetzen. Der absolute Monotheismus ist im Koran verankert; als schwere Sünde erscheint dort jeder Versuch, Gott jemanden an die Seite zu stellen; das „Beigesellen" (*širk*) ist die Sünde schlechthin; der „Beigeseller" (*mušrik*), also der Polytheist, der schlimmste Sünder. Das Manifest des Monotheismus ist die Sure 112:

> Im Namen des barmherzigen und gnädigen Gottes! Sag: Er ist Gott, ein Einziger, Gott durch und durch. Er hat weder gezeugt, noch ist er gezeugt worden. Und keiner ist ihm ebenbürtig.

Die Sure hat eine deutlich gegen das Christentum gerichtete Spitze: Gott hat keinen Sohn, und er ist auch kein Sohn. Das christliche Trinitätsdogma ist für den Muslim unannehmbar; Jesus ist ein von Gott gesandter Prophet, aber nicht Gottes Sohn.

Die prophetische Sendung Mohammeds, die der zweite Teil des Glaubensbekenntnisses bezeugt, gilt dem Muslim als die letzte und endgültige Offenbarung Gottes; danach kommt nur noch das Jüngste Gericht, dessen Stunde im Koran in zahlreichen Passagen beschworen wird. Mohammed heißt daher auch „das Siegel der Propheten" (*ḫātam an-nabīyīn*): seine Sendung schließt die Reihe der von Gott gesandten Propheten ab, die von Adam über Noah und Abraham und die Erzväter, Moses, zahlreiche alttestamentliche Gestalten, darunter David und Salomon, bis zu Jesus reicht. Die früheren Gottgesandten genießen große Verehrung; Abraham etwa gilt als Erbauer der Kaʿba in Mekka, und sein Grab in Hebron wird auch von den Muslimen verehrt.

Der Übertritt zum Islam ist ein formloser Akt; das Aussprechen des Glaubensbekenntnisses in ehrlicher Absicht (*niyya*) genügt. Als Muslim gilt, wer sich wie ein Muslim verhält. Allerdings gilt der Abfall (*irtidād*) vom Islam zu einer anderen Religion als nicht zulässig. Nach dem traditionellen religiösen Recht ist der Abtrünnige (*murtadd*), wenn er Ermahnungen zur Rückkehr unzugänglich bleibt, dem Tod verfallen. Diese traditionelle Vorstellung kollidiert mit dem modernen Grundsatz der Religionsfreiheit, der in vielen nahöstlichen Staaten in die Verfassung aufgenommen ist. Die Forderung nach Wiedereinführung der Todesstrafe für Renegaten ist daher ein wesentlicher Programmpunkt aller islamistischen (fundamentalistischen) Bestrebungen, ist aber nur in wenigen Ländern (z.B. Iran, Sudan oder Pakistan) realisiert worden.

2. Das Ritualgebet und die Moschee

Das islamische Ritualgebet (*ṣalāt*) besteht nicht aus einem gesprochenen (oder gedachten) Text, sondern aus einer Abfolge von Körperhaltungen: Aufrechtstehen, Rumpfbeugung, Knien mit zweimaligem Berühren des Bodens mit der Stirn. Eine solche Abfolge heißt *rakʿa* (Beugung); bei jedem der täglichen fünf Gebete wird eine wechselnde Anzahl solcher Beugungen vollzogen. Das Gebet schließt mit einer Kopfwendung nach rechts und dann nach links.

Beim Gebet hat sich der Beter nach der Kaʿba in Mekka zu orientieren. In Sure 2, 144 heißt es:

> Wende dich mit dem Gesicht in Richtung der heiligen Kultstätte! Und wo immer ihr seid, da wendet euch mit dem Gesicht in diese Richtung!

Fast wörtlich gleich lauten die Verse 2, 149 und 2, 150. Wie oft das Gebet zu halten ist, sagt der Koran nicht; die übliche Zahl von fünf Gebeten am Tag ist „Sunna", sie geht auf die Praxis des Propheten zurück. Nach den Tageszeiten heißen die fünf Gebete *faǧr* (Morgengrauen), *ẓuhr* (Mittag), *ʿaṣr* (Nachmittag), *maǵrib* (Sonnenuntergang) und *ʿišāʾ* (Abend).

Vor dem Gebet hat der Beter die rituelle Waschung (*wuḍūʾ*) zu vollziehen, nach Koran 5,6:

> Ihr Gläubigen! Wenn ihr euch zum Gebet aufstellt, dann wascht euch das Gesicht und die Hände bis zu den Ellenbogen und streicht euch über den Kopf und die Füße bis zu den Knöcheln!

Es handelt sich nicht um eine hygienische Vorschrift, wie eine moderne, rationalisierende Deutung wissen will, sondern um den symbolischen Akt der Reinigung des Menschen, der vor Gott tritt. Fehlt es an Wasser, etwa bei einer Reise in der Wüste, so kann die „Waschung" auch mit Erde oder Sand vollzogen werden, den man an einer hochgelegenen – also nicht verunreinigten – Stelle aufgelesen hat (Koran 5, 6).

Im Prinzip kann der Muslim seiner Pflicht zum Gebet überall nachkommen, wo er sich gerade befindet. Er sollte allerdings darauf achten, daß der Boden an der Stelle, an der er beten will, nicht verunreinigt ist; dazu kann ein mitgeführter kleiner Teppich (*saǧǧāda*) dienen. Wo mehrere Muslime beisammen sind, sollen sie gemeinsam beten. Die Örtlichkeit, an der sie sich zusammenfinden können, ist die Moschee. Das arabische Wort *masǧid* bedeutet „Stätte des Niederwerfens" (vom Verbum *saǧada*) und deutet bereits an, daß das Ritualgebet die eigentliche Bestimmung dieser Örtlichkeit ist. Über das spanische *mezquita* und das französische *mosquée* ist das Wort ins Deutsche übernommen worden.

Als Urbild der Moschee gilt der Hof des Hauses des Propheten Mohammed in Medina, der der Überlieferung zufolge an einer Seite mit einem Schattendach aus Palmzweigen auf Stützen aus Palmstämmen überdeckt war. Hier sprach er zu seinen Anhängern von einem erhöhten Stuhl aus. Nach seinem Tode markierte man aus Pietät an der südlichen, nach Mekka gerichteten Wand die Stelle, vor der der Prophet zu beten pflegte; bei der späteren Errichtung einer Moschee über dem Haus des Propheten ließ der Umayyadenkalif al-Walīd I. (705–715) die Stelle mit einer Nische (*miḥrāb*) markieren, die also an die Präsenz des Propheten erinnert. Ein Minarett hatte die Urmoschee in Medina nicht; der vom Propheten bestimmte Gebetsrufer, der Schwarze Bilāl, rief vom flachen Dach des Hauses zum Gebet.

Moscheen im eigentlichen Sinne sind erst während der Zeit der ältesten islamischen Eroberungen in den Militärlagern der arabischen Heere entstanden: zuerst in al-Kūfa und al-Baṣra im Irak, dann in al-Fusṭāṭ (Alt-Kairo) und später in al-Qairawān (Kairuan in Tunesien). Auch in den kleineren eroberten Städten sicherten sich die Muslime vertraglich bestimmte Plätze, an denen sie gemeinsam das Gebet verrichten konnten, und zwar grundsätzlich unter Schonung der christlichen Kultstätten. So blieb etwa in Jerusalem den Christen die Grabeskirche erhalten, während die Muslime sich auf dem verlassenen Tempelberg (an der Stelle der nachmaligen Aqṣā-Moschee) einrichteten. Erst unter den Umayyaden-Kalifen kam es in einzelnen großen Städten zu Enteignungen – gegen Entschädigung – von Kirchen, etwa der Johannes-Kirche in Damaskus, an deren Stelle die Umayyaden-Moschee gebaut wurde; nach demselben Muster erfolgte ab 785 der Bau der Moschee von Cordoba an der Stelle der Vinzenz-Kirche. Entschädigungslos enteignet dagegen wurden die meisten Kirchen Syriens und Palästinas als Vergeltungsmaßnahme nach den Kreuzzügen, die die muslimische Seite als Bruch der *ḏimma*-Verträge der Eroberungszeit (s. o. S. 28) auffaßte.

Der Moscheebau hat eine große Vielfalt von regionalen Varianten hervorgebracht. Der älteste Typ ist der der Hofmoschee: ein Geviert, von dem der nach Mekka gelegene Teil mit einer Pfeiler- oder Säulenhalle überdeckt ist, die sich zum Hof hin in ganzer Breite öffnet, so daß auch der Hof von Betern genutzt werden kann. In Iran hat sich aus dem Palastbau die Iwan-Moschee entwickelt, bei der an den vier Seiten des Hofes sich große, gewölbte Hallen (persisch *aivān*, arabisiert *īwān*) öffnen. Im Osmanischen Reich entwickelte sich – nach dem Vorbild der Kirche Hagia Sophia in Konstantinopel – der Typ der Kuppelmoschee. Die ältesten Moscheen hatten noch keine Minarette; wie der Name *manār* oder feminin *manāra(tun)* „Leuchtturm" nahelegt, haben sie sich aus den antiken Leuchttürmen vom Typ des Pharos von Alexandria entwickelt, die noch zur Zeit der arabischen Eroberung die ganze nordafrikanische Küste säumten. Wie bei den christlichen Kirchtürmen liegt die Bedeutung des Minaretts weniger in seiner praktischen Verwendbarkeit als Standort für den „Rufer" (*mu'aḏḏin*; türkisch *müezzin*), als vielmehr in seinem Zeichen- oder Malcharakter: es zeigt weithin sichtbar die Präsenz des Islams.

Die Moschee ist kein besonders geweihter Ort; zwischen den Gebetszeiten kann man sie für Ruhepausen und Mittagsschlaf, als Treffpunkt und Unterrichtshalle benutzen. Allerdings muß der Boden für die Gebete kultisch rein bleiben; daher die Vorschrift, vor dem Betreten des Gebetssaals die Schuhe auszuziehen. Im allgemeinen ist das Betreten von Moscheen für Nichtmuslime erlaubt; in einigen Ländern ist der Zutritt allerdings aus praktischen Gründen – etwa um die Überflutung durch Touristenscharen zu verhindern – eingeschränkt. Islamistische Eiferer suchen gelegentlich, Nichtmuslime am Betreten von Moscheen zu hindern.

Als Versammlungsplatz der Beter ist die Moschee grundsätzlich leer. Die Richtung nach der Kaʿba ist durch die gesamte Stirnwand angegeben, die somit die richtige Richtung (*qibla*) für das Gebet weist. In ihrer Mitte erinnert die leere Nische (*miḥrāb*) an die Gegenwart des Propheten. Rechts von der Nische (in Richtung Mekka gesehen) steht die Kanzel (*minbar*), von der freitags vor dem Mittagsgebet (*ẓuhr*) eine Predigt (*ḫuṭba*) gehalten wird. Der Prediger (*ḫaṭīb*) ist in aller Regel ein an der betreffenden Moschee angestellter Funktionär.

Die Freitagspredigt wird nicht in allen Moscheen gehalten. Ursprünglich war die Moschee als Gebetsort für *alle* Muslime einer Stadt gedacht, doch ließ sich dies bei zunehmender Verbreitung des Islams und dem raschen Wachstum der islamischen Städte schon bald nicht mehr durchhalten. Neben der einen großen Moschee, an der die Freitagspredigt stattfand, entstanden die kleineren Stadtviertelmoscheen, in denen nur die fünf täglichen Gebete verrichtet werden konnten, und bald auch weitere Freitagsmoscheen mit eigenen Predigern. Die Große oder Freitagsmoschee heißt *al-masǧid al-ǧāmiʿ* (Versammelnder Gebetsplatz) oder abgekürzt *al-ǧāmiʿ* (türkisch *cami*). Die Wahl des Freitags als Tag der Predigt erfolgte in deutlicher Absetzung von den wöchentlichen Feiertagen der Juden und Christen.

3. Das Ramaḍān-Fasten

Ihr Gläubigen! Euch ist vorgeschrieben, zu fasten, so wie es auch denjenigen, die vor euch lebten, vorgeschrieben worden ist. Vielleicht werdet ihr gottesfürchtig sein. (Das Fasten) ist eine bestimmte Anzahl von Tagen (einzuhalten). Und wenn einer von euch krank ist oder sich auf einer Reise befindet, eine Anzahl anderer Tage. Und diejenigen, die es leisten können, sind (wenn sie es trotzdem versäumen) zu einer Ersatzleistung verpflichtet, (nämlich) zur Speisung eines Armen...

(Fastenzeit ist) der Monat Ramaḍān, in dem der Koran (erstmals) als Rechtleitung für die Menschen herabgesandt worden ist...

Wer nun von euch während des Monats anwesend ist, soll in ihm fasten. Und wenn einer krank ist oder sich auf einer Reise befindet (und deshalb nicht fasten kann, ist ihm) eine (entsprechende) Anzahl anderer Tage (zur Nachholung des Versäumten auferlegt)...

Es ist euch erlaubt, zur Fastenzeit bei Nacht mit euren Frauen Umgang zu pflegen ... Eßt und trinkt, bis ihr in der Morgendämmerung einen weißen von einem schwarzen Faden unterscheiden könnt! Hierauf haltet das Fasten durch bis zur Nacht!

In diesen Koranversen (Sure 2, 183–187) ist das Fasten (*ṣaum* oder *ṣiyām*) als göttliches Gebot verankert und genau geregelt. Auch sein Charakter als Bußübung ist derselbe wie bei Juden und Christen; am Anfang der zitierten Koranstelle wird auf die älteren Religionen ausdrücklich Bezug genommen. Andere Koranverse empfehlen zusätzliche Fasttage als Bußübungen. Ursprünglich, so berichtet die islamische Tradition, hatte Mohammed seiner Gemeinde nach dem Vorbild der Juden nur einen einzigen Fasttag, den „Zehner" (*'Āšūrā'*) – also den *Jom kippur* (Leviticus 16, 29) – vorgeschrieben, doch wurde diese Regelung im Jahre 2 nach der Hiǧra durch die oben zitierte koranische Offenbarung ersetzt. Aufgrund eines Prophetenausspruchs (s. o. S. 38) wurde das *'Āšūrā'*-Fasten allerdings als freiwillige Bußübung beibehalten.

Der Ramaḍān (türkisch *Ramazan*) ist der neunte Monat des islamischen Mondkalenders. Da das Mondjahr kürzer ist als das normale Sonnenjahr von 365 Tagen, nämlich 12 mal 29 oder 30 Tage (genau: 354,367 Tage), verschiebt es sich jedes Jahr um etwa elf Tage gegenüber dem Sonnenjahr; der Ramaḍān beginnt also jedes Jahr um etwa elf Tage früher und wandert so in 33 Jahren einmal durch das ganze Jahr. Der Fastenmonat kann daher in jede Jahreszeit fallen; da das Fasten den ganzen Tag, solange es hell ist, eingehalten werden muß – das Ende wird durch den Sonnenuntergang bezeichnet –, dauert es im Sommer sehr viel länger als im Winter.

Fasten bedeutet, daß dem Körper tagsüber keinerlei Lebens- und Genußmittel zugeführt werden dürfen und daß sexuelle Enthaltsamkeit geboten ist. Kranke und Reisende sind schon durch den Koran vom Fasten ausgenommen; durch Analogieschluß werden auch Schwangere, Ammen und Alte sowie schwer Arbeitende dispensiert; alle diese haben aber ein kompensatorisches Almosen zu leisten oder das Fasten nachzuholen.

Beginn und Ende des Fastenmonats ließen sich zwar astronomisch berechnen, werden aber nach altem Brauch durch optische Beobachtung des Neulichts ermittelt. So steht der Beginn des Ramaḍāns im Voraus immer nur ungefähr fest, und die Gläubigen in aller Welt erwarten gespannt die Nachricht aus einer der Metropolen der islamischen Welt, daß der neue Mond gesichtet worden sei. Das abendliche Ende des Fastens wurde früher – und wird heute noch hier und da – durch einen Kanonenschuß angekündigt (der heute im Radio oder im Fernsehen übertragen wird). Dieser ist das Signal zur Einnahme des tagsüber vorbereiteten Festmahls. In vielen Ländern ist es üblich, daß kurz vor Morgengrauen ein Trommler durch die Straßen geht, um die Schlafenden zu wecken, damit sie vor Beginn des Fastens noch ein Frühstück einnehmen können. Die Nächte des Ramaḍān sind aber nicht nur Anlaß zu geselligem Treiben, sondern auch zu frommem Tun. Versammlungen in den Moscheen mit Koranrezitation und zusätzlichen Gebeten sind üblich und gelten als verdienstvoll.

Das Ende des Ramaḍān wird wie der Beginn durch die Beobachtung des Neulichts festgestellt. Der 1. des folgenden Monats Šauwāl ist das Fest des Fastenbrechens (*ʿīd al-fiṭr*), auch „das kleine Fest“ (*al-ʿīd aṣ-ṣaġīr*) genannt, eines der beiden Hauptfeste des islamischen Festkalenders. In der Türkei wird es *şeker bayramı* (Zuckerfest), *küçük bayram* (kleines Fest) oder einfach *bayram* (das Fest) genannt.

Das gemeinsame Fasten und das nächtliche gemeinsame Schmausen, besonders am abschließenden Fest, verleihen dem Ramaḍān-Fasten einen stark familiären und gemeinschaftsfördernden Charakter; es fasten daher auch viele Muslime, die die religiösen Pflichten sonst eher lax erfüllen.

4. Die Armensteuer

Die Gesamtgemeinde (*umma*) der Muslime wird seit Anbeginn als eine Solidargemeinschaft aufgefaßt, in der einer für den anderen einzustehen hat; alle Muslime sind Brüder und Schwestern. Die *umma* bewahrt etwas von der altarabischen Solidarität des Stammes und des Clans, der auf Gedeih und Verderb für einander einsteht, nur daß an Stelle der gemeinsamen Abstammung die gemeinsame Religion getreten ist. Diese Solidarität findet ihren sichtbaren Ausdruck in einer Abgabe, mit der die Vermögenden sich am Unterhalt der Bedürftigen zu beteiligen haben.

Der arabische Name dieser Abgabe, *zakāt*, offenbart einen zweiten Aspekt dieser Pflicht: er bedeutet ursprünglich „Reinigung" oder „Läuterung". In Sure 9, 103 spricht Gott zum Propheten:

> Nimm aus ihrem Vermögen eine Almosengabe (*ṣadaqa*), um sie damit rein zu machen und zu läutern (*tuzakkī-him)*.

Dabei ist die letztgenannte Verbform vom Verbum *zakkā* „reinigen, läutern" abgeleitet. Die *zakāt* ist also eigentlich eine Läuterung. Dahinter steckt die religiöse Vorstellung, daß weltlicher, diesseitiger Erwerb und Besitz im Grunde etwas Unreines seien, von dem der Besitzende sich zu läutern habe; dies tut er, indem er dem Nichtbesitzenden hilft. (Ins Säkulare gewendet, kommt dies unserem Grundsatz von der Sozialpflichtigkeit des Eigentums nahe.) Die Armensteuer ist ferner im Koran in Sure 58, 13 verankert:

> Verrichtet das Gebet und gebt die *zakāt*, und gehorchet Gott und seinem Gesandten!

Zahlreiche andere Koranstellen bekräftigen diese Grundpflicht des Muslims, etwa 3, 92:

> Ihr werdet die (wahre) Frömmigkeit nicht erlangen, solange ihr nicht etwas spendet, was ihr liebt. Und was immer ihr spendet, darüber weiß Gott Bescheid!

Koran 9, 60 benennt den Kreis der Empfänger:

> Die Almosen sind nur für die Armen und Bedürftigen bestimmt, (ferner für) diejenigen, die damit zu tun haben, für diejenigen, die (für die Sache des Islam) gewonnen werden sollen, für (den Loskauf von) Sklaven, für die, die verschuldet sind, für den Weg Gottes (d. h. den *ǧihād*), und für den, der unterwegs ist. Dies gilt als Verpflichtung von seiten Gottes.

Wie der eingangs zitierte Koranvers 9, 103 zeigt, waren die Begriffe *ṣadaqa* (Almosen) und *zakāt* ursprünglich synonym. In dem vom Propheten Mohammed begründeten und gelenkten Gemeinwesen waren alle Muslime – und damit alle der *umma* von Medina angeschlossenen Stämme der Arabischen Halbinsel – zur Zahlung dieser Solidaritätsabgabe verpflichtet; sie bildet die Urform des islamischen Steuerwesens. Mit der später erfolgten Expansion des arabisch-islamischen Imperiums und der Ausweitung der staatlichen Aufgaben kommen dann weitere Einkünfte hinzu: der Tribut (*ǧizya*) der Unterworfenen, der sich in eine feste Abgabe für die nichtmuslimischen Untertanen verwandelt, oder die Zölle und Binnenzölle (*maks*, Plural *mukūs*). Der Begriff *zakāt* behält dabei seine religiöse Bedeutung: er ist die Pflichtabgabe der vermögenden Muslime, während das ursprünglich synonyme *ṣadaqa* die Bedeutung eines freiwilligen Almosens annimmt.

Der Koran regelt aber weder die Höhe der Abgabe noch die Art und Weise ihrer Erhebung. Dies blieb der *Sunna* vorbehalten: aufgrund der überlieferten Praxis und bestimmter Aussprüche des Propheten haben die islamischen Juristen ein kompliziertes Regelwerk ausgearbeitet, das auf verschiedene Berufe und die unterschiedliche Art und Höhe von Einkommen Rücksicht nimmt. Seine Basis war eine Art Freibetrag (*niṣāb*), der als lebensnotwendiges Minimum unbesteuert blieb. Bei Vieh lag dieses Minimum bei fünf Kamelen oder zwanzig (nach anderen: dreißig) Rindern oder vierzig Stück Kleinvieh; ab diesem Bestand wurden erhoben: ein Schaf für fünf Kamele, ein Kamel pro fünfundzwanzig Kamele. Bauern hatten von natürlich bewässertem Boden eine Zehntel des Erntertrages, bei künstlicher Bewässerung nur ein Zwanzigstel abzuliefern. Grundbesitz wurde im Prinzip mit einem Zehnt (*ʿušr*) besteuert; bei Einkommen in Geld ging man von einem Freibetrag von 20 Golddinar bzw. 200 Silberdirham aus und besteuerte dann mit 2,5 %. Dieser Satz gilt auch heute noch als Richtwert; da allerdings die meisten modernen Staaten die *zakāt* nicht erheben, muß sie der einzelne Gläubige, der seiner religiösen Pflicht nachkommen will, in Form einer freiwilligen

Spende an religiöse Institutionen oder aber direkt an bedürftige Personen leisten.

Eine Sonderform der *zakāt* ist die *zakāt* (oder *ṣadaqat*) *al-fiṭr*, das „Almosen des Fastenbrechens", das nicht auf einem Koranvers, sondern auf einem überlieferten Ausspruch des Propheten (*ḥadīṯ*) beruht und über dessen Höhe und Empfängerkreis unter den islamischen Rechtsschulen beträchtliche Meinungsunterschiede bestehen. Da es aber besonders von den Sunniten als obligatorischer Bestandteil der Fastenregeln angesehen wird, ohne den das Ramaḍān-Fasten seine Gültigkeit verlöre, wird die Spende an Bedürftige vor dem Fastenbrechen – in regional unterschiedlicher Höhe und Art – im allgemeinen sehr gewissenhaft eingehalten.

5. *Die Pilgerfahrt*

> Führt die Wallfahrt (*ḥaǧǧ*) und die Besuchsfahrt (*ʿumra*) im Dienste Gottes durch! Und wenn ihr verhindert seid, dann (bringt als Sühne) an Opfertieren dar, was (für euch) erschwinglich ist!

In dem langen Koranvers 2, 196, dessen Anfang hier zitiert ist, werden Einzelheiten des Wallfahrtszeremoniells geregelt. Die Begründung für das Ritual gibt 3, 95–97:

> Sag: Gott hat die Wahrheit gesagt. Darum folgt der Religion Abrahams, eines Gottsuchers (*ḥanīf*) – er war kein Heide! Das erste (Gottes)haus, das den Menschen aufgestellt worden ist, ist dasjenige in Bakka (= Mekka), (aufgestellt) zum Segen und zur Rechtleitung für die Menschen in aller Welt. In ihm liegen klare Zeichen vor. (Es ist) der (heilige) Platz Abrahams. Wer ihn betritt, ist in Sicherheit. Und die Menschen sind Gott gegenüber verpflichtet, die Wallfahrt nach dem Haus zu machen – soweit sie dazu eine Möglichkeit finden.

Ziel der Wallfahrt ist die „Heilige Moschee" (*al-masǧid al-ḥarām*) oder das „ehrwürdige Heiligtum" (*al-ḥaram aš-šarīf*) in Mekka, dessen Mittelpunkt die Kaʿba (Würfel) bildet, ein etwa 15 m hoher, aus dunklen vulkanischen Steinen gemauerter Bau, der einen einzigen, jetzt leeren Raum umschließt. In seine östliche Kante ist der Schwarze Stein (*al-ḥağar al-aswad*) eingemauert, vermutlich ein Meteorit, den eine silberne Fassung umgibt. Die Kaʿba war in vorislamischer Zeit ein heidnischer Tempel, der Götterbilder, vor allem des Stadtgottes Hubal, enthielt; auch die Wallfahrt (*ḥağğ*) selbst mit ihrem siebenmaligen Umlauf (*ṭawāf*) um die Kaʿba ist vorislamischen Ursprungs. Nach seiner Einnahme der Stadt hat Mohammed das Heiligtum zwar von den heidnischen Idolen gereinigt, das Gebäude selbst und die damit verbundenen altehrwürdigen Riten aber nicht angetastet. Der ganze Komplex der Wallfahrt wurde in den Islam übernommen, und zwar aufgrund der oben zitierten Koranverse: Abraham, seine Magd Hagar und beider Sohn Ismael gelten als die Erbauer; der von Abraham eingeführte Kult des einen Gottes – „Er war kein Heide!" – konnte im Sinne der durch Mohammed erneuerten Prophetie beibehalten werden, nachdem man die später dort etablierten heidnischen Greuel wieder entfernt hatte.

Die eigentliche Wallfahrt (*ḥağğ*) ist alljährlich auf einen festen Termin beschränkt: sie beginnt am 7. des Monats D̲ū l-ḥiğğa und endet am 13. desselben Monats (der wie der Ramaḍān durch das Sonnenjahr wandert). Vor dem Betreten des heiligen Bezirks hat der Pilger den Weihezustand (*iḥrām*) anzunehmen: nach einer rituellen Waschung legt er ein Gewand an, das aus zwei ungenähten weißen Tüchern besteht (Frauen tragen meist ein weißes Kleid und ein Kopftuch, aber keinen Schleier).

Wesentlicher Bestandteil der Riten in Mekka selber ist das schon erwähnte siebenmalige Umkreisen (*ṭawāf*) der Kaʿba, wobei jedesmal der Schwarze Stein berührt oder wenigstens die Hand in seine Richtung ausgestreckt werden soll. Der zweite Hauptbestandteil ist der siebenmalige Lauf (*saʿy*) zwischen den beiden nahe der Kaʿba gelegenen Hügeln aṣ-Ṣafā und al-Marwa, die wohl in heidnischer Zeit von Idolen gekrönt waren; zwischen ihnen verläuft ein Bachbett. Heute ist die 385 m lange Laufstrecke (*masʿā*) von einer langgestreckten hohen Halle überdacht. Diese beiden Elemente der Pilgerfahrt, der *ṭawāf* und der *saʿy*, können im übrigen während des ganzen Jahres von Mekkabesuchern absolviert werden; sie bilden die „kleine" oder „Besuchswallfahrt" (*ʿumra*), die in dem eingangs zitierten Koranvers erwähnt wird. Meist vollziehen die Pilger, die zum *ḥağğ* kommen, nach ihrer Ankunft zunächst einmal diese beiden Riten.

Der eigentliche *ḥağğ* spielt sich jedoch außerhalb von Mekka ab. Er beginnt am 8. des Pilgermonats in dem Ort Minā, 8 km östlich von Mekka in einem Tal gelegen, das sich zur Pilgersaison mit tausenden von Zelten füllt. In Minā übernachten die Pilger und ziehen dann nach dem Frühgebet am Morgen des 9. in südöstlicher Richtung durch das Tal von Muzdalifa in die Ebene des 15 km entfernten Ortes ʿArafāt, wo sie sich um den „Berg der Barmherzigkeit" (*ğabal ar-raḥma*) versammeln. Auch dieser kahle Höhenzug trug wohl einst ein heidnisches Idol. Nach dem Mittags- und Nachmittagsgebet vollziehen die Pilger das Ritual des „Stehens" oder „Verweilens" (*wuqūf*). Die Pilger müssen lediglich dort anwesend sein und bis zum Sonnenuntergang ausharren; sie können sich durch Sonnenschirme oder Zelte gegen die Sonne schützen, beten, sich unterhalten oder einer Predigt lauschen. Sobald ein Kanonenschuß das Ende des Rituals ankündigt, setzt sich die Menge im Laufschriftt (*ifāḍa*) wieder in Richtung Muzdalifa und Minā in Bewegung. Im Tal von Muzdlifa werden die beiden zusammengelegten Abendgebete (*maġrib* und *ʿišā'*) verrichtet. Hier sammeln die Pilger die Kieselsteine, die sie für das Ritual des nächsten Tages benötigen, und übernachten dann. Am Morgen des 10. folgt ein weiterer kurzer *wuqūf*, ein „Verweilen" vor dem Berg Quzaḥ, der nach einem heidnischen Gott benannt ist; im Laufschritt geht es dann weiter bis Minā, wo jeder Pilger sieben der gesammelten Steine auf ein steinernes Mal wirft, den „Steinhaufen von al-ʿAqaba" (*ğamrat al-ʿAqaba*), der einstmals ein heidnisches Idol war. Er wird im islamischen Sinne umgedeutet als der „große Satan" (*aš-šaiṭān al-kabīr*), den die Gläubigen „steinigen".

An diesem 10. Dū l-ḥiǧǧa erreichen die Zeremonien des *ḥaǧǧ* ihren Höhepunkt mit einem Schlachtopfer, das die Muslime auf der ganzen Welt zur selben Zeit mitfeiern; neben dem Fastenbrechen nach dem Ende des Ramaḍān ist dieser Tag des Opfers (*yaum al-aḍḥā* oder *yaum an-naḥr*) das höchste religiöse Fest des Islam, das „große Fest" (*al-ʿīd al-kabīr*). Die geschlachteten Tiere werden von den Pilgern gegessen, die Reste an die Armen verteilt. Dann lassen sich die Männer den Kopf scheren – ein Zeichen dafür, daß ihr Weihezustand (*iḥrām*) teilweise aufgehoben ist. Nachdem es wieder im Laufschritt zurück nach Mekka gegangen ist, folgt als Abschluß noch eine obligatorische Umrundung der Kaʿba, der „Umlauf des Laufschritts" (*ṭawāf al-ifāḍa*). Vom 11. bis 13. weilen die Pilger wieder in Minā, wo sie sich mit verschiedenen Riten – darunter die erneute „Steinigung" der drei dortigen Steinmale – auf die Heimkehr vorbereiten.

Die Organisation der Pilgerfahrt war immer Aufgabe der jeweiligen politischen Obrigkeit, also zuerst der Kalifen von Damaskus und Bagdad, ab 969 der Fatimiden-Kalifen von Kairo. Seit dieser Zeit wird der Behang (*kiswa*) der Kaʿba jährlich neu gewebt; der alte wird vor dem Beginn des nächsten *ḥaǧǧ* zerschnitten; die Stücke werden als Andenken an die Pilger verkauft. Seit 1516 waren die osmanischen Sultane von Konstantinopel die Schutzherren der Pilgerfahrt, seit 1925 sind es die Saudis; der König von Saudi-Arabien trägt den schon von den Osmanen geführten Titel eines „Dieners der beiden heiligen Stätten" (*ḫādim al-Ḥaramain*), d.h. Mekkas und Medinas. Die Unterbringung und Versorgung der Pilger, der reibungslose Ablauf der genau vorgeschriebenen Zeremonien, die Gesundheitsfürsorge sowie die verkehrstechnischen Probleme der An- und Abreise stellen die saudische Verwaltung vor gewaltige logistische Aufgaben. 1983 hatte die Zahl der Pilger erstmals eine Million überschritten; heute sind es jährlich über 1,5 Millionen.

Die Pilgerfahrt ist für die Muslime Pflicht, „soweit sie eine Möglichkeit dazu finden" (Koran 3, 97). Oft spart eine Familie, manchmal auch ein ganzes Dorf, um wenigstens einer Person den *ḥaǧǧ* zu finanzieren; der Zurückgekehrte genießt hohes Ansehen und kann den Titel „Pilger" (*ḥāǧǧ*) seinem Namen voransetzen; er ist Träger eines besonderen Segens (*baraka*), der sich seiner Umgebung mitteilt. In vielen Ländern ist es üblich, das Haus eines Pilgers mit bildlichen Darstellungen seiner Reise zu bemalen. Das Gemeinschaftserlebnis der Pilgerfahrt ist für viele Muslime sicher der Höhepunkt ihres religiösen Lebens; nirgends als unter diesen tausenden gleichgekleideten Menschen aller Rassen und aus aller Herren Länder zeigt der Islam sinnfälliger seinen egalitären Anspruch: daß alle Gläubigen vor Gott gleich sind.

Das Gesetz (*šarīʿa*)

Die im vorigen beschriebenen fünf Grundpflichten des Muslims sind grundlegende Bestandteile des islamischen Religionsgesetzes, das arabisch *šarīʿa* (mit Betonung auf der zweiten Silbe) heißt. Das Wort bedeutet ursprünglich „Tränke" für Mensch und Tier, dann aber auch den gebahnten Pfad, der zur Tränke oder Quelle führt. Auf die Religion übertragen, umfaßt der Begriff sinngemäß die Gesamtheit der dem Menschen geoffenbarten Willensäußerungen Gottes. Diese sind allerdings nirgendwo zusammenfassend festgehalten. Der Korantext – als das unmittelbar geäußerte Wort Gottes – enthält zwar eine Reihe von Geboten, Verboten und Rechtsvorschriften, etwa das Alkoholverbot, die Strafe für Raub, Regeln der Erbteilung usw., die aber noch keineswegs eine vollständige Rechtsordnung ergeben.

Einen zweiten, sehr viel umfangreicheren Komplex von göttlichen Willensäußerungen sieht der Muslim im Reden und Handeln des Propheten exemplifiziert: was Mohammed gesagt und getan hat, gilt als vorbildlich und verbindlich. Überlieferungen über seine Lebensumstände, Äußerungen und Unterlassungen hat man deshalb bereits früh zu sammeln und zu sichten begonnen, wobei die Frage der Echtheit dieser Überlieferungen schon die großen Sammler des 9. Jahrhunderts beschäftigt hat. Die *sunna*, die „Gewohnheit" oder der „Usus" des Propheten und der Urgemeinde in Medina, ist daher der zweite Grundbestandteil der *šarī'a*, und zwar – gegenüber den wenigen Rechtsvorschriften des Koran – der bei weitem umfangreichere (s.o. S. 41). Allerdings trennen sich hier schon die beiden Hauptzweige der islamischen Überlieferung, der sunnitische und der schiitische: da die Schiiten einen Großteil der Gefährten Mohammeds als nicht glaubwürdig anerkennen, weil diese 'Alīs rechtmäßiges Kalifat nicht anerkannt haben, müssen sie auf all die Überlieferungen verzichten, für die diese Gefährten als Gewährsleute genannt werden, und das ist der größte Teil. Die Schiiten haben daher ihre eigene „Sunna"; als Ersatz dienen ihnen die Aussprüche und Handlungen ihrer zwölf Imame, die in den großen Sammlungen der „Vier Bücher" überliefert sind (s.o. S. 49).

Aber auch Koran und Sunna machen noch nicht die ganze *šarī'a* aus. Stets treten neue Fragen und Probleme auf, für die die Überlieferung keine fertige Antwort liefert. Eine solche muß also erst durch bestimmte Prozeduren gefunden werden. Das dafür erforderliche methodische Handwerkszeug haben die islamischen Juristen entwickelt; so entstand die islamische Jurisprudenz (*fiqh*) mit ihren Prinzipien des Konsens (*iǧmā'*), des Analogieschlusses (*qiyās*) usw. Die Ausbildung verschiedener Rechtsschulen (*maḏhab*) hat dann zu einer weiteren Differenzierung geführt; es wurde schon erwähnt, daß die regionale Verbreitung dieser Schulen – etwa der mālikitischen in Nordafrika, der hanbalitischen in Saudi-Arabien, der hanafitischen bei den Türkvölkern, der schiitischen (ǧa'faritischen) in Iran – zu ganz unterschiedlichen Ausprägungen der *šarī'a* geführt hat.

Die *šarī'a* ist also kein ausformuliertes Gesetzbuch, kein Paragraphenwerk, das als Buch vorliegt und einfach aus dem Regal gezogen werden könnte. Sie ist nicht kodifiziert, ja sie ist im Grunde nicht kodifizierbar, denn sie ist eine lebendige Methode, die ständig gehandhabt und im Bedarfsfall erweitert werden muß. Unter diesen Voraussetzungen sind also auch jene Bestrebungen islamistischer Gruppen oder auch einiger moderner Staaten zu sehen, „die *šarī'a* wiedereinzuführen".

Das ist leichter gesagt als getan. In Ägypten etwa, in dessen Verfassung unter dem sozialistischen Regime Gamal Abdelnassers jeder Bezug auf den Islam fehlte, wurde 1971 in die Verfassung (Art. 2) der Satz aufgenommen: „Die Prinzipien der *šarīʿa* sind *eine* Hauptquelle der Gesetzgebung". 1982 wurde der Artikel 2 aufgrund eines Referendums wie folgt geändert: „Die Prinzipien der *šarīʿa* sind *die* Hauptquelle der Gesetzgebung." Das ist zwar eine deutliche Veränderung im Sinne der Muslim-Brüder, läßt aber doch Spielräume offen, denn erstens ist die *ʿsarīʿa* zwar die *Haupt*quelle, aber eben nicht die einzige, und zweitens ist von den *Prinzipen* der *šarīʿa* die Rede, nicht aber von ihren Einzelbestimmungen, die keineswegs als fertige Vorschriften in die ägyptischen Gesetzbücher übernommen werden müssen; im Grunde besagt der Artikel 2 nicht mehr, als daß die Gesetzgebung irgendwie im Geiste des Islam zu erfolgen habe.

In Ländern wie Pakistan oder dem Sudan ist man sehr viel weiter gegangen; man hat hier in der Tat versucht, die *šarīʿa* zu kodifizieren, oder besser: eine Reihe von Vorschriften der *šarīʿa* in die Form moderner Paragraphen zu gießen. Die Ergebnisse sind – aufgrund der verschiedenen Rechtstraditionen – unterschiedlich ausgefallen und in beiden Fällen unvollständig. Auch in Ländern wie Saudi-Arabien, wo die *šarīʿa* nie außer Kraft gesetzt war, konkurriert sie mit anderen Rechtsquellen, etwa dem Gewohnheitsrecht der Stämme; ähnlich in Indonesien, dem bevölkerungsreichsten muslimischen Staat der Erde, wo das Recht der „Gewohnheiten" (arabisch *ʿādāt*) in Konkurrenz zur islamischen *šarīʿa* steht.

Bei den Versuchen, die *šarīʿa* zur Grundlage der Gesetzgebung moderner Staaten zu machen, wird durchaus selektiv verfahren. Die Sklaverei zum Beispiel, die jahrhundertelang ein fester Bestandteil der islamischen Rechtsordnung war, gilt allgemein als obsolet; auch die eifrigsten Islamisten denken nicht daran, sie wieder einzuführen, obwohl etwa ein Dutzend Koranstellen die Sklaverei als selbstverständliches Phänomen voraussetzt und das Konkubinat des Besitzers mit der Sklavin ausdrücklich billigt (z.B. Koran 2, 221 oder 4, 25). Man beruft sich heute allgemein darauf, daß der Koran die Freilassung von Sklaven als ein Gott wohlgefälliges Werk darstellt und Gott damit seinen Wunsch nach allmählicher Abschaffung der Sklaverei zum Ausdruck gebracht habe.

Wenn die *šarīʿa* aber kein Buch ist, das man aus dem Regal holen und in dem man nachschlagen kann, worin besteht sie dann und wie funktioniert sie? Sie besteht im kollektiven Gedächtnis des Islam, das verkörpert wird durch den Berufsstand der Religionsgelehrten.

Die Gelehrten (*al-ʿulamāʾ*)

Der Islam hat nie eine kirchenähnliche Struktur entwickelt; Organisations- und Rechtsformen, wie die christliche Kirche sie aus ihrem römischen Erbe besitzt, sind ihm fremd. Es fehlen ihm daher auch (die Schiiten ausgenommen) eine Hierarchie und ein Oberhaupt oder irgendeine höchste Lehrautorität. Das Amt des Prophetennachfolgers, des Kalifen, hat sich nie dazu entwickelt; es ging zudem im Mongolensturm 1258 unter, und wer danach den Kalifentitel führte, konnte religiöse Autorität nie beanspruchen.

Stattdessen wird religiöse Autorität im Islam ausgeübt von einem Berufsstand, dessen Mitglieder eine Ausbildung absolviert haben, die zu einem großen Teil aus Juristerei – aus dem Studium des traditionellen religiösen Rechts – besteht. Es sind die Rechtsgelehrten, *al-fuqahāʾ* (Singular: *faqīh*) oder einfach die Gelehrten, *al-ʿulamāʾ* (Singular: *ʿālim*). Wir haben gesehen, wie dieser Berufsstand sich seit dem 8. Jahrhundert aus dem Privatgelehrtentum entwickelt und wie er dann von den Herrschern zum Amt des Richters (*qāḍī*) herangezogen wird und seinerseits die religiösen Grundsätze auch in der herrscherlichen Praxis und der Rechtsprechung durchzusetzen sucht. Seit dem 9. Jahrhundert wird dieser Berufsstand auf einem besonderen Typ von religiöser Lehranstalt, der *madrasa* (Schule), ausgebildet, der in Zentralasien und Ostiran aus Institutionen privaten Unterrichts entstanden ist und sich im Reich der Seldschuken-Sultane seit dem 11. Jahrhundert nach

Westen verbreitet hat. Ausbildung, Habitus, Zuständigkeit und Tätigkeit dieser Gelehrten sind bei Sunniten und Schiiten ähnlich; auch die schiitischen Mollās und Āyatollāhs sind *ʿulamāʾ*.

Dieser Berufsstand hat die Bewahrung, Deutung und Weiterentwicklung der islamischen Tradition monopolisiert; die *ʿulamāʾ* entscheiden darüber, was islamisch ist und was nicht. Da sie aber nicht hierarchisch organisiert sind, können ihre Lehrmeinungen durchaus kontrovers ausfallen; neben einem bestimmten Grundkonsens gibt es weite Bereiche, in denen konkurrierende Meinungen herrschen (wobei der Grundkonsens etwa bei Schiiten und Sunniten wiederum verschieden geartet ist).

Bis ins 19. Jahrhundert war die *madrasa* das Institut, an dem der *ʿālim* seine Ausbildung erhielt, und der von einem muslimischen Herrscher regierte Staat bot den natürlichen Rahmen für seine anschließende Tätigkeit als Prediger, Lehrer und Professor, als Rechtsgutachter und Richter, als Notar und Verwalter frommer Stiftungen. Mit dem Einbruch der Moderne aber wandelte sich die gesellschaftliche Position der *ʿulamāʾ* grundlegend; der Untergang des Osmanischen Reiches, die sich ausbreitende Kolonialherrschaft und – in der nachkolonialen Zeit – die Gründung moderner Territorialstaaten und die dort sich abspielenden revolutionären Umwälzungen haben den Geltungsbereich des islamischen Rechts und damit die Zuständigkeit der *ʿulamāʾ* immer weiter eingeschränkt; eine moderne Gesetzgebung, die Einrichtung von neuartigen Gerichtsinstanzen und die Übernahme von Bildungsinstitutionen – Schulen und Universitäten – nach europäischem Vorbild haben das Monopol der *ʿulamāʾ* auf all diesen Gebieten gebrochen; in manchen Ländern wie der Türkei Kemal Atatürks, im Iran Reza Schahs (1925–1941) und im Tunesien Präsident Bourguibas (1959–1987) wurde der Einfluß der Religionsgelehrten systematisch zurückgedrängt oder ganz beseitigt.

Die Tätigkeit der islamischen Religionsgelehrten wurde damit in den meisten Ländern ganz auf die religiöse Sphäre beschränkt, das religiöse Recht weitgehend obsolet. Allerdings gingen häufig traditionelle Anschauungen in die moderne Gesetzgebung ein, etwa auf dem Gebiet des Personenstandsrechts oder des Erbrechts. Neben der modernen Zivilehe, die es in den meisten islamischen Ländern gibt, existiert häufig – ähnlich unserer kirchlichen Trauung – auch noch die vor dem Qāḍī oder einer anderen religiösen Instanz geschlossene Ehe.

Einige religiöse Ausbildungseinrichtungen überdauerten, so z.B. bei den Sunniten die im Jahre 1222 (neu) gegründete Hochschule der Azhar-Moschee in Kairo und die Hochschule der Zaitūna-Moschee in Tunis, oder bei den Schiiten die Madrasa Faiziyya in Ghom (*Qom*) aus dem frühen 19. Jahrhundert. Selbst in der Sowjetunion blieben die Madrasa Mir-i ʿArab in Buchara und das Lehrinstitut beim Sitz des Mufti in Taschkent bestehen, um die Ausbildung einer beschränkten Anzahl von religiösen Gelehrten zu gewährleisten. In der Türkei hat man nach dem Zweiten Weltkrieg begonnen, die von Atatürk gänzlich beseitigten Strukturen religiöser Unterweisung wiederzuerrichten, wenn auch in modernen Formen: 1949 wurde an der Universität Ankara eine erste theologischen Fakultät eingerichtet (heute sind es an die zwanzig); der Religionsunterricht an den Schulen wurde wieder zugelassen, zunächst freiwillig an den Grundschulen, seit 1982 obligatorisch an allen Schulen, und ein religiöser Zweig der gymnasialen Mittel- und Oberstufe, die „Imam- und Predigerschulen" (*imam-hatip okulları*), für künftige Geistliche eingerichtet (1951). Tunesien ist derzeit dabei, islamischen Religionsunterricht wiedereinzuführen. Die seit den 1970er Jahren spürbaren Bestrebungen zur Reislamisierung von Gesellschaft und Staat haben nicht nur den alten Institutionen neuen Auftrieb gegeben, sondern auch zu einer ganzen Reihe von Neugründungen geführt, die rasch wachsenden Zulauf zu verzeichnen hatten.

Das Gutachten (*fatwā*)

Der Islam kennt keine oberste dogmatische Lehrautorität und benötigt auch keine; der strenge Monotheismus, die Autorität des Propheten Mohammed und die Verbindlichkeit des Koran sind unumstritten. Entscheidungsbedürftig sind dagegen alle Fragen des menschlichen Verhaltens, soweit sie nicht schon durch das überlieferte vorbildliche Handeln des Propheten geregelt sind. Das moderne Leben stellt dem Einzelnen und der Gesellschaft solche Fragen zuhauf, ob es sich um die Zulässigkeit des Fotografierens, des Kinos oder des Fernsehens handelt, um Geburtenregelung, Organtransplantation oder Gentechnik, aber auch um sehr viel banalere Dinge wie Schönheitsoperationen, das Tragen von Perücken oder den Genuß von Kaviar.

Grundsätzlich können alle offenen Fragen Gegenstand einer Begutachtung durch die religiösen Experten, die *ʿulamāʾ*, sein. Das arabische Verbum „gutachten" heißt *aftā*; dazu ist *al-muftī* das Partizip (Gutachtender) und *al-fatwā* (Gutachten) das Substantiv. Eine Fatwā ist also das Gutachten eines Experten in einer Frage von irgendwie religiöser Bedeutung. Eine besondere Qualifikation – in der Regel durch ein abgeschlossenes religiöses Studium – ist dabei die Voraussetzung. Bei den Schiiten ist die Befähigung zum Geben von Fatwās den höchsten Rängen der geistlichen Hierarchie vorbehalten. In Iran ist mit der Revolution von 1979 das neue Amt des Revolutions„führers" (*rahbar*) entstanden, der religiöse Autorität beansprucht; die sog. *fatwā* des Āyatollāh Ḫomeinī (Khomeini), sein Aufruf, den britischen Schriftsteller Salman Rushdie als angeblichen Apostaten zu töten – eine gezielte Provokation des Westens –, ist ein Beispiel für eine als politische Waffe eingesetzte religiös motivierte Entscheidung. Viele Länder kennen die Institution eines höchsten Muftī; so gibt es z.B. in Ägypten das Amt des „Gutachters der Republik" (*muftī al-gumhūriyya*).

Fatwās sind in der islamischen Welt etwas Alltägliches. Zwar veröffentlicht das höchste Expertengremium der Azhar-

Universität in Kairo seine Fatwās in einer eigenen Zeitschrift, aber Fatwās werden auch auf Anfrage von Lesern oder Zuschauern in Tageszeitungen und im Fernsehen gegeben. Jeder Muslim kann ein Problem aufwerfen, aber nur die qualifizierten Experten können einen Lösungsvorschlag machen, der sich streng an Koran und Sunna zu orientieren hat, aber – je nach der Rechtsschule (*maḏhab*; s.o. S. 44) – unterschiedlich ausfallen kann. Eine Fatwā ist grundsätzlich unverbindlich; ob der einzelne Gläubige, der sie bestellt hat, sich daran hält, liegt bei ihm (allerdings hat er sich vor Gott dafür zu verantworten); ob eine größere Anzahl von Muslimen sich die Entscheidung einer bestimmten Fatwā zueigen macht, hängt vom Ansehen und der Autorität dessen ab, der sie gibt.

Die rechtliche Stellung der Frau

Muslime verweisen gern – und zurecht – darauf hin, daß die koranische Offenbarung sich an Muslime und Musliminnen gleichermaßen richtet und daß beider Pflichten gegenüber Gott gleich sind:

> Was muslimische Männer und Frauen sind, Männer und Frauen, die gläubig, die (Gott) demütig ergeben, die wahrhaftig, die geduldig, die bescheiden sind, die Almosen geben, die fasten ... – für sie (alle) hat Gott Vergebung und gewaltigen Lohn bereit. (33, 35)

Gleichwohl ist die rechtliche Stellung von Mann und Frau nach der *šarīʿa* unterschiedlich; Männer sind danach eindeutig privilegiert. Der Koran und die Sunna spiegeln natürlich die patriarchalische Gesellschaft ihrer Entstehungszeit wider, nicht anders als das Alte Testament oder der babylonische Kodex Hammurabi. Festzuhalten ist aber, daß durch die koranischen Vorschriften den arabischen Frauen erstmals überhaupt einklagbare Rechte zugestanden wurden – für das 7. Jahrhundert ein gewaltiger sozialer Fortschritt. So erhält nach dem Koran die Frau selber – und nicht ihre Sippe – das Brautgeld und kann über ihr Vermögen selbst verfügen.

Dennoch bleibt der Unterschied im Koran deutlich. Die Suren 4 „Die Frauen" und 24 „Das Licht" machen dazu die wesentlichen Aussagen. 4, 34 stellt eindeutig fest:

> Die Männer stehen über den Frauen, weil Gott sie ausgezeichnet hat und wegen der Ausgaben, die sie von ihrem Vermögen gemacht haben.

Das bezieht sich offenbar auf Brautpreis und Morgengabe, die der Mann gezahlt hat. Die unterschiedliche Rechtsstellung zeigt sich am deutlichsten in den *šarīʿa*- Vorschriften zu Heirat und Scheidung. Die *šarīʿa* gesteht dem Mann das Recht zu, vier Frauen zu haben, und stützt sich dabei auf Koran 4, 3; umgekehrt darf die Frau nur einen Mann heiraten. Der Muslim darf nichtmuslimische Frauen heiraten – die auch nicht Musliminnen werden müssen –, die Muslimin dagegen darf nur mit einem Muslim verheiratet sein.

Ganz selbstverständlich geht der Koran davon aus, daß Männer ihre Frauen „entlassen" (*ṭallaqa*) können (2, 331f. und 236; 65, 1), sucht diese aber sozial und finanziell zu schützen; der umgekehrte Fall ist indes nicht vorgesehen. Gerade die Scheidungsregelungen zeigen aber, wie moderne Auffassungen sich auch in einem gewandelten Verständnis der *šarīʿa* selber niederschlagen können. Aus dem koranischen Gebot, daß der Mann seine Frau(en) ernähren und kleiden muß, und aus Prophetenaussprüchen, die den Mann auffordern, die Ehefrauen gut zu behandeln, hat man schon immer ein Recht der Frau abgeleitet, von einem Ehemann, der diesen Ansprüchen nicht genügt, die Scheidung (*ṭalāq*) erzwingen zu können. Ein Mittel dazu war etwa der Ehevertrag, in dem der Ehemann sich verpflichten mußte, die Frau zu entlassen, sobald er sie schlagen sollte oder eine zweite Frau zu heiraten beabsichtige. Wie schwierig es ist, die traditionellen Formen von Ehe und Scheidung zu verändern, zeigen die gegenwärtigen Versuche in Ägypten, den Frauen mehr Rechte auf Scheidung zu verschaffen: obwohl 1999 der höchste Muftī des Landes einen Gesetzentwurf der Regierung unterstützte, der den Frauen gestatten soll, sich aus einer Ehe mit einem gewalttätigen Ehemann zu lösen, lehnte die konservative Parlamentsmehrheit den Entwurf ab.

In manchen Ländern, etwa der Türkei, ist es so, daß die Gleichstellung von Mann und Frau in Verfassung und Gesetzgebung verankert sind, daß aber tief eingewurzelte religiöse Traditionen und archaische Familienverhältnisse in ländlichen Gegenden oder in bestimmten sozialen Schichten der Verwirklichung des Prinzips der Gleichberechtigung entgegenstehen. Gepflogenheiten wie die Beschränkung der Frau auf das Haus, die Kinderehe oder die Verheiratung von Mädchen ohne deren Zustimmung, ferner der arachaische Ehrenkodex, nach dem sich der Mann – Vater oder Bruder – verpflichtet fühlt, die verletzte Familienehre blutig zu rächen, behaupten sich zäh, obwohl sie keinerlei religiöse Grundlage haben.

Religiös begründet werden dagegen die Kleidervorschriften für Frauen; allerdings zeigt die große Vielfalt von Trachten in der islamischen Welt, wie unterschiedlich auch hier die Auffassungen sein können, da es an eindeutigen Vorgaben des Koran fehlt. Während in manchen Gegenden die völlige Verhüllung der Frauen hinter dichten Schleiern üblich ist, hat die islamische Revolutionsregierung in Iran den Gesichtsschleier als unislamisch verboten, dafür aber das Tragen eines Umhangs (*čādor*) für obligatorisch erklärt. Viele Musliminnen tragen das Kopftuch als sichtbares Zeichen ihres Bekenntnisses zum Islam, andere verzichten darauf, da der Koran es nicht ausdrücklich vorschreibt. (Vgl. dazu Bobzin, *Der Koran*, S. 78–80). Die Anhänger islamistischer (fundamentalistischer) Bewegungen suchen das Tragen von Kopftuch oder Gesichtsschleier als obligatorisch durchzusetzen; militante Gruppen schrecken dabei vor Gewaltanwendung nicht zurück (Algerien; Afghanistan).

Auch wenn das geltende Familien- und Personenstandsrecht in einer ganzen Reihe von Ländern noch auf traditionelle Vorstellungen Rücksicht nimmt, die in der *šarīʿa* ihren Ursprung haben, hängt die tatsächliche soziale Stellung der Frau doch hauptsächlich von dem sozialen Milieu ab, in dem sie lebt. Das führt in vielen Ländern zu einer regelrechten Spaltung der Gesellschaft in ein traditionell-konservatives und ein modernes, liberales Segment: während es in der Türkei einerseits mehr Universitätsprofessorinnen gibt als in Deutschland – und zwar prozentual ebenso wie absolut –, leben andererseits die meisten Frauen im ländlichen Milieu und in den aus der Landflucht entstandenen spontanen Vorstadtsiedlungen noch wie vor Jahrhunderten in archaischen Familienverhältnissen.

Islam und Islamismus

Die islamische Revolution in Iran 1979, die zur Errichtung einer Islamischen Republik führte, hat einer überraschten Weltöffentlichkeit das Phänomen des modernen politischen Islam vor Augen geführt. In den Jahrzehnten nach dem Zweiten Weltkrieg hatten die im Nahen Osten vorherrschenden politischen Ideologien – der panarabische Nationalismus, Nassers Arabischer Sozialismus oder die altiranische Großkönigsideologie des letzten Schah – die Existenz des politischen Islam fast völlig verdeckt. Islamische Ideologien wie die der 1928 in Ägypten gegründeten Muslim-Bruderschaft (*al-iḫwān al-muslimūn*) des Ḥasan al-Bannā oder die der „islamischen Gemeinschaft“ (*ǧamāʿat-i islāmī*) des Indo-Pakistaners Abū l-Aʿlā Maudūdī (Mawdoodi, 1903–1979) blieben der westlichen Öffentlichkeit weitgehend unbekannt; in den nahöstlichen Krisen und Konflikten (Suezkrise, Palästina-Konflikt, Ölkrise) spielte der Islam keine Rolle.

Die politischen Ideologien auf islamischer Basis, allesamt Erscheinungen des 20. Jahrhunderts, lassen sich unter dem Begriff *Islamismus* fassen; die moderne Ideologie wird damit gegen die vielfältigen Formen des traditionellen Islam abgesetzt. (Das gängige Schlagwort *Fundamentalismus* ist dagegen ungenau und trifft den Sachverhalt häufig nicht.) Ihre Wurzeln sind vielfältig: Zersetzung der traditionellen gesellschaftlichen Strukturen durch die Kolonialherrschaft, Enttäuschung über das politische und ökonomische Versagen der nachkolonialen Regime (Algerien), antiwestliche und antimodernistische Ressentiments. Der Islamismus ist ein Krisensymptom, eine Reaktion auf konfliktträchtige, krisenhafte Entwicklungen in den nahöstlichen Ländern; in der europäischen Diaspora auch eine Reaktion auf Unterprivilegierung und eine Schutzmaßnahme gegen die als übermächtig und bedrohlich empfundene fremde Umgebung. Allen frühen islamistischen Bewegungen war die antikolonialistische Stoßrichtung gemeinsam; sie richteten sich gegen den britischen (später amerikanischen) und französischen Einfluß, den man als die eigenen Werte und Normen zersetzende Gefahr verteufelte. Dabei galten der Kapitalismus des Westens und der atheistische Sozialismus des Ostblocks als zwei Seiten derselben Medaille; eine Erneuerung des Islam empfahl sich daher als „dritter Weg" zur Lösung aller Probleme; Schlagworte wie „Der einzige Weg ist der Islam" oder „Der Islam ist die Lösung" fassen diese Hoffnung bündig zusammen; als wichtigster Schritt auf diesem Wege, ja als notwendige Voraussetzung erscheint den Ideologen die Wiedereinführung der *šarīʿa* ohne jede Einschränkung, wobei allerdings über deren Form ganz unterschiedliche Vorstellungen herrschen können.

Bei der Hoffnung auf Erneuerung spielt die Erinnerung an die historische Größe und den Glanz des Kalifenreiches eine wichtige Rolle: als der Islam noch ungebrochen herrschte und die Muslime nur ihren eigenen Normen verpflichtet waren, da waren sie stark und groß und marschierten an der Spitze der Wissenschaft und des Fortschritts; erst ihre Uneinigkeit und die verderbliche Orientierung an fremden Werten und Normen hat ihre Schwäche und Rückständigkeit verursacht. Der ägyptische Muslimbruder Sayyid Quṭb (1966 in Kairo hingerichtet) verstieg sich zu der Behauptung, nach der Ära des Propheten und seiner vier ersten Nachfolger sei die islamische Welt erneut ins Heidentum der „Unwissenheit" (*ǧāhiliyya*) der vorislamischen Zeit zurückgefallen; damit wird die gesamte islamische Geschichte von fast vierzehn Jahrhunderten negiert.

Allerdings sind die islamistischen Bewegungen keineswegs nur auf eine verklärte Vergangenheit fixiert; daß sie ins Mittelalter zurück wollten, wie ein verbreitetes Vorurteil lautet, ist nicht zutreffend. Sie verstehen sich nicht nur selbst als Avantgarde der Moderne, ihre Ideologien enthalten auch objektiv eine ganze Reihe von modernistischen Zügen, die sich mit traditionellen, vor allem auf dem gesellschaftlichen Sektor oft auch reaktionären Vorstellungen, in einer merkwürdigen Synthese mischen. So haben die islamistischen Ideologen, die häufig aus technischen Berufen kommen, keineswegs immer die Zustimmung der traditionellen *'ulamā'*, deren Autorität und Deutungsmonopol für den wahren Islam durch das Auftreten Unberufener in Gefahr gerät. In Iran ist Khomeinis revolutionär-islamische Ideologie von den meisten Groß-Āyatollāhs nicht akzeptiert worden; in Ägypten sind die höchsten Autoritäten der Azhar-Universität, an ihrer Spitze der *Šaiḫ al-Azhar*, durchaus nicht immer auf der Linie der Muslimbrüder.

Auch untereinander sind die verschiedenen Strömungen und Organisationen nicht einig. Das iranische Revolutionsregime, das dem Westen lange Zeit als der Inbegriff des islamischen „Fundamentalismus" galt, steht der Herrschaft der afghanischen Ṭālibān in Todfeindschaft gegenüber; deren „Steinzeitislam" wird von der iranischen Presse als unislamische Neuerung und als von den USA gesteuerter Versuch der Diskreditierung des Islam verteufelt.

Die von den verschiedenen islamistischen Strömungen vertretenen Staats- und Gesellschaftsentwürfe haben durchweg totalitäre Züge: die gottgewollte Ordnung – so wie ihre jeweiligen Anhänger sie verstehen – muß auf Erden unbedingt durchgesetzt werden; jeder Pluralismus ist des Teufels. Der erwähnte Sayyid Quṭb hat seine Ideologie in Form eines Korankommentars dargelegt; seine Ansichten erscheinen so als aus dem Koran herausgelesen und in der göttlichen Offenbarung verankert. Die Durchsetzung der islamischen Ordnung eignet sich daher als Herrschaftsinstrument, mit dem bestimmte Gruppen einer Gesellschaft ihre Vorherrschaft über andere legitimieren können; so im Sudan, wo die Herrschaft des arabischen Nordens über den nichtarabischen, nichtislamischen Süden mit religiösen Gründen motiviert wird.

Durch ihre Verbindung mit oppositionellen und revolutionären Gruppen hat die islamistische Ideologie in manchen Ländern eine beträchtliche Sprengkraft gewonnen und damit die älteren nichtreligiösen, nach links orientierten politischen Ideologien abgelöst. Nach Ansicht mancher westlicher Beobachter ist der Höhepunkt der islamistischen Flutwelle bereits vorüber; ob das so ist, bleibt abzuwarten; es scheint, daß die Situation in den islamischen Ländern des Nahen und Mittleren Ostens, Afrikas und Südostasiens durchaus unterschiedlich zu beurteilen ist. Auf jeden Fall wird der Islamismus als politische Kraft – wenn auch nicht als einzige und keineswegs überall maßgebende – noch längere Zeit eine Rolle spielen.

Ǧihād und Märtyrertum

Durch die islamistischen Bewegungen hat auch der mittelalterliche Begriff des *ǧihād* eine Wiederbelebung und Umdeutung erfahren. Das Wort, das „Anstrengung, Einsatz" bedeutet – also nicht „heiliger Krieg" –, kommt in dieser Form oder in verschiedenen Formen des verwandte Verbum *ǧāhada* „sich einsetzen" mehrfach im Koran vor, aber durchaus nicht immer in kriegerischer Bedeutung. Allerdings wird auch der „Einsatz auf dem Wege Gottes" (*ǧihād fī sabīl Allāh*) den Muslimen als gottgefällig empfohlen; in Koran 9, 24 und 9, 81 werden diejenigen getadelt, die sich weigern, ihr Vermögen und ihre Person auf dem Wege Gottes, d.h. um Gottes willen, einzusetzen.

Welcher Art nun dieser „Einsatz" sein soll, das war und ist vielfältiger Interpretation offen. Die Koranstellen beziehen sich meist auf den Kampf gegen die heidnischen Mekkaner. Später hat man die Eroberungskriege (*futūḥ*) ebenso als *ǧihād* aufgefaßt wie alljährliche Raub- und Beuteexpeditionen an der Grenze oder Sklavenjagden. Aber schon der Theologe al-Ġazzālī (1058–1111) hat den bloß militärischen Einsatz für den Islam als den „kleinen *ǧihād*", den Kampf gegen die eigene Triebseele als den „großen" und eigentlich verdienstvollen bezeichnet.

Die Worthülse *ǧihād* läßt sich also mit mancherlei Inhalt füllen. Im modernen Sprachgebrauch wird es oft wie unser Wort *Kampagne* gebraucht, das ja auch ursprünglich aus dem militärischen Jargon stammt: *ǧihād* gegen die Armut, gegen die Krankheit, das Analphabetentum. Militante Gruppen kommen dagegen häufig wieder auf den militärischen Sinn zurück: jeder Befreiungskampf, jedes Kommandounternehmen, jeder Selbstmordanschlag oder revolutionäre Umsturzversuch läßt sich leicht mit dem Etikett *ǧihād* versehen und so mit einer religiösen Legitimation ausstatten; dabei erhalten die bei solchen gewaltsamen Aktionen zu Tode Kommenden den Nimbus von Märtyrern.

Wie das griechiche *martys* bedeutet auch das arabische *šahīd* (Plural *šuhadā'*) „Zeuge" im Sinne von „Blutzeuge". Das Wort kommt in dieser Bedeutung im Koran nicht vor, wohl aber das Versprechen der Belohnung:

> Und denen, die um Gottes willen (wörtlich: auf dem Wege Gottes) getötet werden, wird er ihre Werke nicht fehlgehen lassen. Er wird sie rechtleiten, alles für sie in Ordnung bringen und sie ins Paradies eingehen lassen, das er ihnen zu erkennen gegeben hat. (47, 4–6)

> Und du darfst ja nicht meinen, daß diejenigen, die um Gottes willen getötet worden sind, (wirklich) tot sind. Nein, (sie sind) lebendig (im Jenseits), und ihnen wird bei ihrem Herrn (himmlische Speise) beschert. (3, 169)

Die islamische Vorstellung vom Märtyrer, die sich erst später in all ihren Facetten ausgebildet hat, unterscheidet sich von der christlichen wesentlich dadurch, daß nicht nur der passiv für seinen Glauben Duldende, sondern auch der aktiv sich Einsetzende und Kämpfende zum Märtyrer wird, wenn er im „Einsatz" sein Leben opfert.

Der Islam in der Diaspora

Durch Migration sind Muslime in großer Zahl in Länder gekommen, deren Bevölkerung überwiegend nichtmuslimisch ist; sie finden sich als Minderheiten in einer Umgebung wieder, die von nichtislamischer Tradition geprägt ist. Diese Situation ist für die Muslime insofern problematisch, als eigentlich nur der gewohnte Rahmen einer islamisch geprägten Umwelt die Gewähr dafür bietet, daß der Islam, der, wie wir sahen, keine kirchenähnliche Organisationsstruktur hat, praktiziert werden kann; fehlt diese gewohnte Umwelt in der Diaspora, dann machen sich die strukturelle Mängel störend bemerkbar.

Das fängt bei ganz praktischen Dingen an. Zwar kann der Muslim seine religiösen Pflichten wie das tägliche Gebet oder das Ramaḍān-Fasten auch alleine oder im Kreis seiner Familie erfüllen, doch kommt keine Religion auf die Dauer ohne gemeinschaftliches Praktizieren aus. Da es eine islamische „Kirche" aber nicht gibt, die etwa mit der Errichtung von Moscheen und der Ausbildung von Predigern und Religionslehrern für eine religiöse Infrastruktur sorgen könnte, sind die Muslime in der Diaspora auf Selbstorganisation angewiesen. Dazu dienen in erster Linie Vereine, die sich nach landsmannschaftlicher oder bekenntnismäßiger Zusammengehörigkeit bilden und deren Mitglieder die Einrichtung eines Betraumes organisieren und finanzieren. Der Bau einer Moschee übersteigt meist die Mittel eines lokalen Vereins. Hier können dann, neben Spendern aus nahöstlichen Ländern, größere Organisationen auftreten und überregionale oder internationale Netzwerke organisieren.

In Deutschland ist die größte Organisation – d.h. diejenige, die die meisten Muslime an sich bindet – die DİTİB (*Diyanet İşleri Türk İslam Birliği*), die „Türkisch-islamische Union der Anstalt für Religionen e.V." mit dem Sitz in Köln. Dieser Dachverband ist der verlängerte Arm der staatlichen Religionsbehörde der Republik Türkei, vertritt also das in der türkischen Verfassung verankerte Prinzip der Trennung von

Staat und Religion. Die gegenteilige Postion vertritt die über ganz Europa verbreitete Organisation der *Islamischen Gemeinschaft Milli Görüş* („Nationale Sicht", IGMG, früher AMGT), eine türkisch-nationalistische, islamistische Bewegung, die gerade auf eine Islamisierung des (türkischen) Staates hinzielt und in der Türkei unter wechselnden Namen als Partei auftritt: Nationale Heilspartei (MSP), „Wohlfahrt" (*Refah*), neuerdings „Tugend" (*Fazilet*). Drittgrößte Organisation ist der Derwischorden der Süleymancı, ein moderner Ableger des – ebenfalls in Deutschland vertretenen – schon im Mittelalter gegründeten Nakşibendî-Ordens (s.o. S. 52). Die Süleymancı haben 1980 den „Verband islamischer Kulturzentren" (VIKZ) gegründet. Neben diesen vorwiegend von Türken getragenen Organisationen sind die arabischen Muslim-Brüder in Deutschland aktiv, wenn auch zum Teil verdeckt; das „Islamische Zentrum München" mit seiner Moschee steht unter ihrem Einfluß. Dagegen ist das „Islamische Zentrum Hamburg" schiitisch und wird von der iranischen Revolutionsregierung gefördert und kontrolliert. Eine ganze Reihe von Derwischorden oder anderen Splittergruppen unterhält ihre eigenen Zentren und Moscheen. Die Gruppe der Aleviten, der etwa ein Fünftel der in Deutschland lebenden Türken angehört, unterhält keine Moscheen, da die Aleviten („Ali-Anhänger") weder das fünfmalige Gebet noch die anderen Riten der *šarīʿa* praktizieren. Da sie zudem Alkohol trinken und Schweinefleisch essen, werden sie von Sunniten und Schiiten gar nicht dem Islam zugerechnet, obwohl sie selbst wegen ihrer Verehrung des Propheten und der zwölf Imame sich durchaus als Muslime sehen.

Diese bunte Vielfalt des Islam ist in Deutschland bislang eines der Haupthindernisse für eine Anerkennung der islamischen Religionsgemeinschaft als Körperschaft öffentlichen Rechts wie auch für die Einführung eines konfessionsgebundenen islamischen Religionsunterrichts an den öffentlichen Schulen. Weder bieten die Vereine und Verbände bisher die vom Grundgesetz von „Religionsgemeinschaften" geforderte „Gewähr auf Dauer" (in den unter Artikel 140 GG subsumierten sogenannten Kirchenartikeln der Weimarer Verfassung) noch findet der Staat einen kirchenähnlichen Partner, mit dem er ein Konkordat abschließen könnte. Bei der Frage, wer die Lehrpläne für einen islamischen Religionsunterricht ausarbeiten und damit definieren kann, was islamisch ist und was nicht, und wer die künftigen Religionslehrer in welchem Sinne ausbilden darf, konkurrieren die verschiedenen Gruppen und Institutionen miteinander. Eine Lösung ist bisher nicht in Sicht.

Die Probleme, die das Leben in einer nichtmuslimisch geprägten Umgebung den Muslimen stellt, sind von unterschiedlichem Gewicht. Die Ausübung des Kultus in selbstverwalteten Moschee ist weitgehend unproblematisch, auch wenn beim Neubau von Moscheen häufig lokale Widerstände zu überwinden sind. Praktiken wie die Beschneidung von Knaben stellen weder rechtlich noch gesellschaftlich noch medizinisch ein Problem dar. Dagegen ist die Beschneidung von Mädchen nach deutschem Recht schwere Körperverletzung. (Allerdings wird dieser nichtislamische Brauch afrikanischer Herkunft von den meisten Muslimen ohnehin nicht praktiziert.) Bei manchen islamischen Bräuchen, die mit deutschem Recht kollidieren, etwa dem Schächten von Opfertieren, lassen sich Kompromisse vorstellen (z.B. Betäubung des Tieres vor der Schlachtung).

Schwieriger zu lösen sind Probleme gesellschaftlicher Natur, vor allem diejenigen, die aus traditionellen Vorstellungen über die Rolle der Frau erwachsen (Kopftuch und Schleier in der Schule; Mädchen beim Sportunterricht; Zwangsverheiratung). Generelle Lösungen kann es hier kaum geben; Behutsamkeit und Augenmaß sind von beiden Seiten gefordert. Jedenfalls aber kann es keine Aushebelung der Verfassungs- und Rechtsordnung zugunsten auf die *šarīʿa* gegründeter Sonderrechte geben.

Gelegentlich wird von Seiten von Politikern der Ruf nach einem besonderen „Euro-Islam“ laut – eine problematische Forderung, die den Verdacht nährt, dahinter verberge sich der Versuch, einen nach den Vorstellungen von Nichtmuslimen gemodelten zahmen, künstlichen Islam zu kreieren, der sich besser integrieren und kontrollieren lasse. Solche neokolonialen Versuche, eine der großen Weltreligionen zu manipulieren und eigenen Vorstellungen zu unterwerfen, sind unwürdig und sollten besser unterbleiben. Wenn sich der Islam unter den veränderten Bedingungen in Europa wandeln sollte, so ist dies einzig und allein Sache der Muslime selber. Ansätze dazu gibt es ja durchaus; den Traditionalisten stehen entschiedene Modernisierer gegenüber. Einen uniformen Islam wird es nicht geben; Islam ist, was die Muslime daraus machen.

Literatur

Bobzin, Hartmut: Der Koran. Eine Einführung. C.H.Beck Wissen, München 1999.

Donner, Fred McGraw: The Early Islamic Conquests. Princeton University Press 1981.

Encyclopaedia of Islam, Leiden, seit 1954.

Ende, Werner/Steinbach, Udo (Hrsg.): Der Islam in der Gegenwart. ^{4}München 1996.

Endreß, Gerhard: Einführung in die islamische Geschichte. München 1982.

Faroqhi, Suraiya: Herrscher über Mekka. Die Geschichte der Pilgerfahrt. München 1990.

Haarmann, Ulrich (Hrsg.): Geschichte der arabischen Welt. ^{3}München 1994.

Halm, Heinz: Die Schia. Wissenschaftliche Buchgesellschaft, Darmstadt 1988.

ders.: Der schiitische Islam. Von der Religion zur Revolution. Beck'sche Reihe, München 1994.

Hottinger, Arnold: Islamischer Fundementalismus. Paderborn 1993.

Der Koran: Übersetzung von Rudi Paret, Stuttgart 1979.

Nagel, Tilman: Der Koran. Einführung – Texte – Erläuterungen. München 1983.

ders.: Geschichte der islamischen Theologie. Von Mohammed bis zur Gegenwart. München 1994.

Noth, Albrecht/Paul, Jürgen: Der islamische Orient – Grundzüge seiner Geschichte. Würzburg 1998.

Paret, Rudi: Mohammed und der Koran. Stuttgart 1957 (mehrere Neuauflagen).

Perler, Dominik/Rudolph, Ulrich: Occasionalismus. Theorien der Kausalität im arabisch-islamischen Denken. Göttingen 2000.

Schimmel, Annemarie: Die Zeichen Gottes. Die religiöse Welt des Islams. München 1995.

dies.: Gärten der Erkenntnis. Texte der islamischen Mystik. Düsseldorf 1982.

Schulze, Reinhard: Geschichte der islamischen Welt im 20. Jahrhundert. München 1994.

Spuler-Stegemann, Ursula: Muslime in Deutschland. Freiburg i. Br. 1998.

van Ess, Josef: Theologie und Gesellschaft im 2. und 3. Jahrhundert Hidschra. Eine Geschichte des religiösen Denkens im frühen Islam. 6 Bände, Berlin 1991–97.

Walther, Wiebke: Die Frau im Islam. Leipzig 1997.

Watt, W. Montgomery (Hrsg.): Der Islam. 3 Bände, Stuttgart 1980.

Register

Hinweise zur Aussprache arabischer Laute

ā	langes a wie in „lahm“	a	kurzes a wie in „Lamm“
ī	langes i wie in „schief“	i	kurzes i wie in „Schiff“
ū	langes u wie in „Ruhm“	u	kurzes u wie in „Rum“

ʾ	Stimmritzenverschluß wie in „be-ehren“
ʿ	explosiver Kehllaut (arab. *kaʿba* „Kaaba“)
ḏ	stimmhaftes engl. th wie in „mother“
ḍ	verdumpftes d (arab. *ramaḍān* „Ramadan“)
ǧ	stimmhaftes dsch wie in „Jeans “
ġ	nicht gerolltes Gaumen-r wie in frz. „merci “
h	wie dt. h, jedoch stets hörbar
ḥ	stark gehecheltes h (arab. *muḥammad* „Mohammed“)
ḫ	wie ch in „Bach“ (nie wie in „ich“!)
q	am Zäpfchen gesprochenes k (arab. *qurʾān* „Koran“)
r	mit der Zungenspitze gerolltes r wie in ital. „pronto “
s	stimmloses s wie in „reißen“
ṣ	verdumpftes stimmloses s (arab. *ṣalāt* „Gebet“)
š	wie sch in „Schiff“
ṯ	stimmloses engl. th wie in „three“
ṭ	verdumpftes t (arab. *sulṭān* „Gewalt“)
z	stimmhaftes s wie in „reisen“
ẓ	verdumpftes stimmhaftes s (arab. *niẓām* „System“)

Quelle: Hartmut Bobzin, Der Koran. Eine Einführung. 1999 (Mit freundlicher Genehmigung des Autors)

Aus dem Verlagsprogramm